생활 속
다중지능
이야기

본 책의 내용은 저자가 2012년 9월부터 2013년 8월까지
어린이강원일보에 연재한 〈무지개샘의 다중지능이야기〉를
수정 · 보완한 것입니다.

나의
꿈을 찾아
떠나는

생활 속
다중지능
이야기

김임순 지음

이담
Books

펴내며

누군가 물어왔습니다.
다중지능이 뭐죠?

신이 나서 말했습니다.
모든 인간은 여러 개의 지능을 가지고 있으며,
그 지능들은 노력 여하에 따라 달라질 수 있습니다.
한때 나에게 다중지능은 교육이론이었습니다.

자신 있게 말했습니다.
아이들의 지능 프로파일에 따라
강점지능은 더 높이고, 약점지능은 보완하는 다양한 교육활동입니다.
그때 나에게 다중지능은 교육방법이었습니다.

당당하게 말했습니다.
아이들의 다양성과 가능성을
허용해주고, 인정해주고, 키워주는 긍정적인 교육관입니다.
이때 나에게 다중지능은 교육철학이었습니다.

누군가 물어옵니다.
다중지능이 뭐죠?

머리를 긁적이며, 작은 목소리로 말합니다.
음, 그러니까……. 그게…….
"뭐라고 얘기해야 할까요?"
혼잣말인지 되묻는 말인지 알 수 없는 말을 하며 말꼬리를 흐립니다.

한참 뒤 그의 등 뒤에 대고 말합니다.
'내 삶 속에 오래알처럼 흩어져있어서 그것만 끄집어내기가 힘드네요.'
지금 나에게 다중지능은 삶이 되어가고 있습니다.

아이들과 나는 학교라는 공간에서 함께 살고 있다. 그곳에서 내가 아이들에게 하는 말 한마디, 손짓 하나가 다중지능일 수 있다. 그리고 그곳에서 아이들이 느끼고, 경험하고, 배우고, 알게 된 모든 것들이 또한 다중지능일 수 있다. 그래서 다중지능으로 아이들과 내가 살아온 이야기를 담게 되었다.

언젠가 아침 독서시간에 책을 읽고 있는 아이들을 보며, 문득 '내가 아이들과 이 활동을 왜 하고 있지?'하는 생각이 들었다. 그 질문에 대한 답을 생각하며 자문자답을 이어나갔다. 이런 물음의 시작과 끝에는 모두 꿈과 행복이 있었다. 결국 교육이라는 이름으로 하고 있는 모든 활동의 시작과 끝에 꿈과 행복이 있고, 그 사이에 아이들과 내가 살고 있었다. 다중지능을 교육이론으로, 교육방법으로, 교육철학으로 삼으며 아이들과 함께 지내다 보니 그것들이 아이들과 나의 삶이 되었고, 또 그 삶이 다중지능이 되었다.

3월에 아이들은 나를 만나면서 다중지능도 만난다. 아이들은 뇌에 대한 공부를 시작으로 다중지능이론을 이해하고, 학교 혹은 학급에서 하는 다양한 활동을 하며 자신의 꿈을 찾아간다. 그렇게 아이들은 1학기를 살아가고, 여름방학을 보내고, 2학기를 살아가고, 겨울방학을 보낸다. 다중지능은 그러한 삶의 과정들 속에 때로는 수업과 생활지도로, 때로는 교육방법과 교육활동으로 녹아있다. 이 책의 구성 또한 3월부터 12월까지 우리들의 삶을 그대로 옮겨놓았다.

이 책은 학교 현장에서 살고 있는 많은 선생님과 아이들의 다양한 삶의 이야기 중 하나일 뿐이다. 선생님이 다르고 아이들이 다르므로 살아가는 모습 또한 모두 다르다. 모두 다른 삶을 살지만 한편으론 많이 다르지도 않을 거란 생각도 하게 된다. 나와 우리 아이들의 다중지능 이야기가 다르지만 비슷한 삶을 살고 있는 선생님들과 아이들의 생각에, 마음에 물 한 방울 떨어뜨릴 수 있기를 바라본다.

지난 1년간 〈무지개샘의 다중지능 이야기〉를 연재하도록 도와주셨던 어린이강원일보 안윤희 팀장님과 어린이강원일보에 진심으로 감사드린다. 더불어 다중지능을 처음 만나게 해주고, 같이 공부하며 롤모델이 되어주신 김종순, 이은숙 선생님과 김종헌 교감선생님, 교육에 대한 고민을 학문으로 일깨워주시는 강원대학교 김성훈 교수님께도 마음 깊이 감사드린다. 그리고 늘 나의 삶 안에서 든든한 지원군이 되어주시는 박영철, 허은숙 님과 나의 가족들에게도 고마움을 전한다. 이 밖에 영북지역 다중지능연구회 회원들과 교육연극연구회 '연어' 회원들에게도 늘 함께 해줘서 고맙다고 말하고 싶다. 끝으로 많이 부족한 글을 흔쾌히 엮어 내주신 한국학술정보(주) 여러분께 감사드린다.

2014년 영랑호에서

김임순

CONTENTS

이야기 하나

만나며

01 다중지능과 뇌

"안녕하세요?"

여러분은 새로운 사람을 만나면 반갑게 인사하는 편인가요? 선생님은 사람들과 만나는 것을 좋아해서 처음 만나는 사람과도 인사를 잘한답니다. 선생님 반 친구인 소연이는 춤추는 걸 좋아하고, 용수는 그리기를, 찬민이는 자전거 타기를 잘합니다. 여러분이 좋아하거나 잘하는 것은 무엇인가요? 왜 사람마다 좋아하고 잘하는 것이 다를까요? 어떻게 하면 우리는 좋아하는 것을 더 잘할 수 있을까요? 이러한 모든 물음들의 해결점을 찾기 위한 첫 항해로 '우리의 뇌'에 대해 알아보겠습니다.

주먹을 쥐어보세요. 두 주먹을 붙여보세요. 그것이 여러분 뇌의 크기입니다. 뇌는 호두와 아주 비슷하게 생겼습니다. 호두의 껍데기에 해당하는 것은 뇌를 보호하고 있는 두개골이라는 머리뼈입니다. 호두의 알맹이는 쭈글쭈글하고, 두 개가 따로 떨어진 것 같지만 가운데가 연결되어 있습니다. 우리의 뇌도 호두와 같이 두 개로 구분되어 있고, 뇌량에 의해 가운데가 다리 형태로 연결되어 있습니다. 호두 알맹이를 보면 얇은 껍질이 있습니다. 우리의 뇌도 대뇌피질이라고 해서 뇌를 감싸고 있는 껍질이 있습니다. 호두 껍데기처럼 아주

얇고, 그것을 쫙 펴면 신문지 한 장 크기만 합니다. 대뇌피질이 이렇듯 많은 주름이 잡혀 있는 것은 제한된 두개골 안에 넓은 표면적을 가진 뇌를 보관해야 하기 때문입니다.

오른쪽 뇌, 즉 우뇌는 반대쪽인 왼쪽 몸을 담당하고 있고, 왼쪽 뇌, 즉 좌뇌는 반대쪽인 오른쪽 몸을 담당하고 있습니다. 그래서 보통 오른손잡이는 좌뇌가 많이 발달하고, 왼손잡이는 우뇌가 더 많이 발달하게 됩니다. 우뇌는 예술적인 능력과 관련되어 있어 우뇌가 발달한 사람은 그림그리기, 노래하기, 창의적으로 생각하기 등을 좋아하거나 잘합니다. 좌뇌는 논리수학적인 능력과 관련되어 있어 좌뇌가 발달한 사람은 말하기, 글쓰기, 계산하기, 분석하기 등을 좋아하거나 잘합니다.

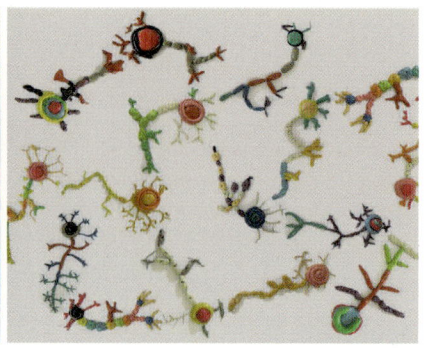

　이와 같이 뇌는 인간의 모든 활동에 관여하며, 뇌를 구성하고 있는 물질 중의 하나인 '뉴런'과 '시냅스'에 의해 발달 정도가 달라집니다.

　뉴런은 뇌세포를 구성하고 있는 신경세포로 수상돌기, 신경세포체, 축색돌기로 구성되어 있습니다. 수상돌기는 입력을 담당하며, 신경세포체는 에너지를 공급하고, 축색돌기는 출력을 담당합니다. 그래서 어떤 정보를 접하게 되면 그 신호가 뉴런의 수상돌기에 전해지고, 그것이 다시 신경세포체를 거쳐, 축색돌기로 이동하여 또 다른 뉴런으로 전해지면서 우리의 뇌까지 전달되는 것입니다.

　뉴런과 뉴런은 아주 조금 떨어져 있는데, 이 떨어져 있는 공간을 시냅스라고 합니다. 하나의 뉴런 안에서 수상돌기, 신경세포체, 축색돌기까지 전달되는 이 신호는 전기신호여서 시냅스를 통과하지 못합니다. 이때 축색돌기의 끝에 있는 신경전달물질이 내뿜어져서 전기신호를 화학신호로 바꾸어 다른 뉴런으로 건너갈 수 있게 해줍니다. 다른 뉴런으로 건너간 화학신호는 다시 전기신호로 바뀌어 수상돌기로 입력되고, 신경세포체를 거쳐 축색돌기까지 이동하게 되고, 또 다른 뉴런으로 건너갈 때는 다시 또 화학신호로 바뀌는 것입니다. 이러한 뉴런의 전달 과정을 거쳐 외부로부터의 정보가 뇌에 전달되는

것입니다. 따라서 시냅스가 단단하게 만들어지고, 화학신호를 활발하게 많이 주고받아야 뉴런과 뉴런이 잘 연결되고, 뇌가 정보를 신속하고, 정확하게 처리할 수 있으며, 새로운 것을 배우고, 익히고, 활용하는 능력도 향상됩니다. 이것이 문제를 해결하는 과정에서 나타나는 능력인 지능과 연관되는 것입니다.

　그렇다면 뉴런과 시냅스는 많으면 많을수록 좋은 걸까요? 뉴런은 인간이 평생 쓰고도 남을 만큼 많이 가지고 태어납니다. 뉴런은 스무 살 정도까지 많아졌다가 서서히 줄어듭니다. 나이가 들어감에 따라 뉴런의 수가 줄어들어도 워낙 많이 가지고 태어났기 때문에 그 수가 줄어드는 것은 문제가 되지 않습니다. 서른 살의 성인이 갓 태어난 아기보다 뉴런의 수가 적음에도 뇌가 더 발달한 이유는 성인은 경험과 배움이 많아서 뉴런과 뉴런 사이를 연결하는 화학신호가 매우 강하고, 활발하기 때문입니다. 그러므로 뇌의 기능을 활발히 하기 위해서는 단단한 시냅스를 형성하여 뉴런과 뉴런이 새롭게 결합될 수 있도록 자극을 주는 것이 중요합니다. 뇌에 자극을 주는 방법에는 여행하기, 책 읽기, 그림 그리기, 연주하기, 요리하기 등 다양한 활동이 있습니다. 그리고 그 활동을 꾸준히 연습하고, 익힘으로써 시냅스의 화학적 신호가 강해지고 활발해져서 더욱 잘할 수 있게 되는 것입니다. 다양한 경험과 활동으로 새로운 뉴런을 만들고, 꾸준한 연습으로 단단한 시냅스를 만들어 여러분의 지능을 높여보세요.

02 다중지능의
이해

하버드대학의 하워드 가드너 박사는 '우리가 어떻게 하면 좋아하는 것을 더 잘할 수 있을까? 우리에겐 어떤 능력이 있을까?'를 연구하게 되었습니다. 가드너 박사는 모든 사람이 가지고 있는 다양한 지적능력들을 모두 지능이라고 불렀고, 각자가 가지고 있는 다양한 재능이 바로 지능이라고 하였습니다. 이 지능은 하나가 아니라 여러 개이며, 각 지능들은 모두 자유롭고 독립적인 체계로 우리 뇌에 존재합니다. 이 지능들을 가리켜 다중지능이라고 합니다. 다중지능에는 언어지능, 논리수학지능, 공간지능, 신체운동지능, 대인관계지능,

자기이해지능, 음악지능, 자연탐구지능 등 8가지의 지능이 있으며, 실존지능은 지능의 요건을 완벽하게 갖추지 못해 반쪽지능으로 남아있습니다.

각 지능들을 간단히

살펴볼까요?

언어지능이란 단어의 쓰임새를 알고 능숙하게 사용하는 능력, 즉 말을 하거나 글을 쓰는 능력을 말합니다. 책 읽기를 좋아하는 사람, 수업시간에 발표를 잘하는 사람, 재미있는 얘기를 잘하는 사람, 편지 쓰기를 좋아하는 사람 등이 언어지능이 높은 사람입니다.

논리수학지능이란 숫자를 능숙하게 사용하거나, 추론하는 능력, 즉 논리적이며, 수학적인 능력을 말합니다. 수학시간이 재미있는 사람, 계산이나 암산을 잘하는 사람, 퍼즐 맞추기를 좋아하는 사람, 설계를 잘하는 사람 등이 논리수학지능이 높은 사람입니다.

공간지능이란 시각적 형태와 이미지를 이해하고 지각하는 능력, 공간적 세계를 이해하고 지각하는 능력을 말합니다. 만화나 그림 그리기, 색종이 접기, 만들기 등을 좋아하고 잘하는 사람, 어디 갈 때 길을 잘 찾아가는 사람 등이 공간지능이 높은 사람입니다.

신체운동지능이란 자신의 신체를 이용해서 생각이나 감정을 자유자재로 표현하는 능력을 말합니다. 줄넘기, 달리기, 훌라후프, 축구 등의 체육활동이나 춤추기, 마임, 즉흥극 등의 신체표현 활동을 좋아하고 잘하는 사람이 신체운동지능이 높은 사람입니다.

음악지능이란 음의 선율, 리듬, 박자 등을 알고 이를 표현하고 창조해내는

능력을 말합니다. 음악시간이 좋고 즐거운 사람, 리코더, 피아노, 오카리나, 플루트, 기타 등의 악기 연주를 잘하는 사람, 노래 부르는 것을 좋아하는 사람 등이 음악지능이 높은 사람입니다.

대인관계지능이란 다른 사람들과 관계를 맺고 이해하는 능력을 말합니다. 혼자 있는 것보다 사람들과 어울리는 걸 좋아하는 사람, 무엇을 할 때 다른 사람과 같이 하는 걸 좋아하는 사람, 항상 주위에 친구들이 많은 사람, 모둠활동을 좋아하는 사람 등이 대인관계지능이 높은 사람입니다.

자기이해지능이란 자신을 이해하고, 반성하며, 책임감 있게 행동할 수 있는 능력을 말합니다. 자신의 장점과 단점을 알고 있는 사람, 자신의 능력에 맞게 행동하는 사람, 일기를 자주 쓰는 사람, 힘든 것, 하기 싫은 것을 잘 참고 이겨 내는 사람 등이 자기이해지능이 높은 사람입니다.

자연탐구지능이란 자연 현상을 탐구하고, 분석하는 능력을 말합니다. 동물 이나 식물에 관심이 많은 사람, 애완동물을 좋아하는 사람, 곤충채집을 좋아 하는 사람 등이 자연탐구지능이 높은 사람입니다.

여러분은 위의 8가지 지능 중 자신에게 몇 개의 지능이 있다고 생각하나요? 선생님 반 병찬이는 노래를 못하고, 싫어하기 때문에 음악지능을 제외한 나머 지 7가지의 지능이 있을 거라고 이야기하네요. 정말로 병찬이는 7가지의 지능 만 있는 걸까요?

다중지능을 8조각의 피자 판에 비유하기도 하는데, 동그란 피자 판에 한 조 각이라도 피자가 없으면 완성된 하나의 피자가 될 수 없듯이 지능 또한 모든 사람이 8개의 지능을 모두 가지고 있습니다. 사람에 따라 그 조각의 크기가 다 를 뿐입니다. 즉, 자신이 싫어하고, 하지 않는다고 해서 그 지능이 없는 것이 아니라 자신이 잘하고 좋아하는 것은 지능의 조각이 더 크게 나타나고, 싫어 하고 잘하지 못하는 지능은 작게 나타나는 것일 뿐입니다. 누구나 조금씩은 모든 지능을 가지고 있습니다.

자신의 지능들 중 넓은 부분을 차지하고 있는 지능을 강점지능, 좁은 부분 을 차지하고 있는 지능을 약점지능이라고 합니다. 선생님반 아영이는 친구가 많고, 친구들과 함께하는 것을 좋아하기 때문에 대인관계지능이 다른 지능에 비해 넓게 차지하고 있을 것입니다. 그리고 이것이 아영이의 강점지능일 것입 니다. 의현이는 수학을 잘하기 때문에 논리수학지능이 강점지능일 것입니다. 이처럼 사람마다 좋아하고 잘하는 것이 다른 것은 저마다의 강점지능이 다르기 때문입니다.

　이 강점지능은 뉴런과 시냅스의 활동과 관계가 깊습니다. 뉴런과 시냅스의 활동이 노력의 정도에 따라 달라지듯이 지능 또한 달라질 수 있습니다. 그림 그리기를 좋아하는 사람은 쉬는 시간에도, 점심시간에도, 틈만 나면 그림을 그립니다. 많은 시간 동안 그리기를 하다 보니 그리기에 관련된 뉴런이 더 많이 형성되고, 시냅스에서의 활동 또한 더 많아져서 더 잘 그리게 되고, 공간지능은 점점 더 높아지게 되는 것입니다. 따라서 다른 지능보다 공간지능이 더 발달하게 되고, 결국 강점지능으로 나타나는 것입니다. 자신의 노력 여하에 따라 보통지능도 강점지능으로 만들 수 있으며, 같은 맥락에서 약점지능도 얼마든지 높일 수 있습니다. 그리고 약점지능도 같이 보완해나가야 강점지능을 더 높일 수 있습니다. 왜냐하면 지능들은 복잡한 방식으로 상호작용하기 때문입니다. 축구의 경우, 뛰고, 차고, 패스하고, 공격하고, 수비하고(신체운동지능), 동시에 공의 위치, 자신의 위치, 상대편의 위치, 같은 편의 위치를 파악하고 계산(논리수학지능, 공간지능, 신체운동지능)합니다. 그렇기 때문에 강점지능을 높이는 것에만 치중하기보다는 약점지능들도 같이 보완해나가야 강점지능도 더 높일 수 있는 것입니다. 그런 의미에서 자신이 평소에 하지 않았던 활동이나 하기 싫었던 활동들을 해보길 바랍니다.

03 나의 다중지능

우리는 모두 8가지의 지능을 가지고 있습니다. 여러분은 8가지 지능 중 자신이 어떤 지능이 강점지능이고, 어떤 지능이 약점지능이라고 생각하나요? '다중지능 체크리스트'를 통해 자신의 강점지능과 약점지능을 찾아봅시다.

※ 다음의 사항에 주의하여 체크해보세요.

1. 오랫동안 생각하지 말고 문항을 읽고 바로바로 '예' 또는 '아니오'에 ○표 합니다.
2. 자신과 더 가깝다고 생각하는 곳에 표시합니다.
3. 자신에 대해 솔직하게 답하도록 합니다.

| 다중지능 체크리스트 |

지능 영역	내용	예	아니오
언어 지능	1. 나는 동화책 보는 것을 좋아한다.		
	2. 나는 낱말게임을 좋아한다.		
	3. 나는 국어(말하기 · 듣기, 읽기, 쓰기) 과목이 재미있다.		
	4. 나는 사회(슬기로운 생활) 과목이 재미있다.		
	5. 나는 낱말 맞추기나 끝말잇기 등을 좋아한다.		
	6. 나는 이름, 장소, 날짜, 또는 사소한 것을 잘 기억한다.		
	7. 나는 말 또는 글로 느낌이나 생각을 표현하는 것을 좋아한다.		
	8. 나는 다른 아이들과 이야기할 때 책에서 봤거나 들은 이야기를 자주 이야기한다.		
	9. 나는 다른 아이들보다 단어의 뜻을 쉽게 이해한다.		
	10. 다른 아이들이 나의 이야기를 들으면 재미있어한다.		

지능 영역	내용	예	아니오
논리 수학 지능	1. 나는 어떤 사물이나 현상에 대해 왜 그럴까 하는 궁금증을 자주 가진다.		
	2. 나는 계산문제를 재빠르게 암산한다.		
	3. 나는 수학시간을 좋아한다.		
	4. 나는 과학시간을 좋아한다.		
	5. 나는 계산 게임이나 컴퓨터 게임을 좋아한다.		
	6. 나는 장기, 바둑, 기타 두뇌 계발용 게임이나 퍼즐 등을 좋아한다.		
	7. 나는 규칙들을 잘 만들거나 쉽게 이해한다(방학 계획 세우는 것을 좋아한다).		
	8. 나는 실험하는 것을 좋아한다.		
	9. 나는 문제를 해결할 때 단계별로 하나씩 체계적으로 풀어나가는 편이다.		
	10. 나는 물건의 양이 많거나 그룹(묶음)이 지어져 있을 경우, 그것들을 분류하고 나눔으로써 그들 사이의 관계를 파악하곤 한다.		

지능 영역	내용	예	아니오
공간 지능	1. 나는 그림을 감상하거나 그리기를 좋아한다.		
	2. 나는 지도를 보고 위치를 잘 알고 길을 찾을 수 있다.		
	3. 나는 공상이나 상상을 잘한다.		
	4. 나는 미술 활동을 좋아한다.		
	5. 나는 내 생각을 설명할 때 도표나 그림 등을 그려서 설명하곤 한다.		
	6. 나는 영화, 사진 찍기, 캠코더 촬영 등 다양한 일을 기록으로 남기는 것을 좋아한다.		
	7. 나는 조각 그림 맞추기나 미로 찾기 게임 등이 재미있다.		
	8. 나는 독서를 할 때 글자보다는 그림이 많은 책을 더 좋아한다.		
	9. 나는 연습장이나 다른 용지에 아무 생각 없이 낙서를 끄적거 린다.		
	10. 나는 어떤 물건을 다른 방향에서 봤을 때 어떻게 보일지를 쉽 게 머릿속에 그릴 수 있다.		

지능 영역	내용	예	아니오
신체 운동 지능	1. 나는 운동이나 춤추는 것을 좋아하고 자주 한다.		
	2. 나는 새로운 운동이나 춤(율동)을 쉽게 배우며 실력이 빨리 향상된다.		
	3. 나는 다른 사람의 몸짓이나 특징을 잘 흉내 낸다.		
	4. 나는 혼자 힘으로 무엇을 조립하거나 만드는 등 손재주가 있다.		
	5. 나는 무언가를 확실히 이해하기 위해서는 직접 다뤄봐야만 한다.		
	6. 나는 체육시간이나 무언가를 직접 만드는 시간을 좋아한다.		
	7. 나는 실내보다 실외에서 많은 시간을 보낸다.		
	8. 나는 놀이동산에 가면 가장 스릴 있는 것을 골라서 타곤 한다.		
	9. 나는 한곳에 오래 앉아 있을 때 움직이거나, 잡아당기거나, 발을 가볍게 치는 등 움직임이 많다.		
	10. 나는 새로운 것을 배울 때 설명서를 읽거나 동영상을 보는 것보다 직접 경험해보는 것을 좋아한다.		

지능 영역	내용	예	아니오
음악 지능	1. 나는 음정이 고르지 못하거나 소리가 이상하게 들릴 때 그것을 지적할 수 있다.		
	2. 나는 음악을 몇 번 들은 후에 쉽게 그 멜로디를 따라 부르거나 기억할 수 있다.		
	3. 다른 사람들이 나에게 노래를 잘한다고 얘기한다.		
	4. 나는 악기를 연주하는 것이 쉽고 재미있다.		
	5. 나는 들어본 영화 음악이나 광고 음악 등이 머릿속에 떠오르곤 한다.		
	6. 나도 모르게 자주 콧노래를 부른다.		
	7. 나는 음악을 들을 때, 나도 모르게 음악에 맞춰 손으로 박자를 맞추곤 한다.		
	8. 나는 음악을 듣고 악기들의 소리를 구별할 수 있다.		
	9. 나는 음악을 틀어놓고 일하거나 공부하는 것을 좋아한다.		
	10. 나는 많은 노래를 기억하여 부를 수 있다.		

지능 영역	내용	예	아니오
대인 관계 지능	1. 나는 혼자 집에서 TV프로나 비디오를 보는 것보다는 여러 사람들과 어울려서 놀이하는 것을 더 좋아하는 편이다.		
	2. 나는 사람들과 대화하는 능력이 뛰어난 편이며, 말다툼을 잘 해결해주는 편이다.		
	3. 나는 다른 사람들이 슬퍼하는 것을 보면 같이 슬픔을 느낀다.		
	4. 나는 행복해 하는 사람들과 있을 때 나도 행복해진다.		
	5. 나는 혼자 하는 운동보다는 농구나 축구처럼 단체 경기 하는 것을 좋아한다.		
	6. 나는 친한 친구가 세 명 이상 있다.		
	7. 나는 다른 친구보다 앞장서서 일하며, 다른 사람들에게 일하는 방법을 보여주곤 한다.		
	8. 나는 공부나 놀이를 할 때 친구들이 나와 함께 있기를 원한다.		
	9. 나는 다른 사람에 대한 관심이 많고 이해를 잘하는 편이다.		
	10. 나는 어떤 문제를 혼자 힘으로 해결하기 위해 끙끙대지 않고, 사람들에게 조언(도움)을 구하고 협력한다.		

지능 영역	내용	예	아니오
자기 이해 지능	1. 나는 혼자 생각하면서 보내는 시간을 좋아한다.		
	2. 나는 미래의 꿈에 대해 많이 생각한다.		
	3. 나는 내가 잘하는 것과 못하는 것을 알고 있다.		
	4. 나는 나의 발전을 위해 좀 더 잘하려고 계획하며 실천한다.		
	5. 나는 나의 흥미나 취미에 관해 사람들에게 많이 이야기하지 않는다.		
	6. 나는 내 마음을 잘 알고 있으며, 혼자서 생각한 후 결심하는 편이다.		
	7. 나는 다른 사람과 함께 하기보다는 혼자 공부하는 것을 좋아한다.		
	8. 나는 느낌이나 생각을 여러 가지 방법으로 정확히 표현한다.		
	9. 나는 자신에 대해 반성해보고 내 생활에서 중요한 문제가 무엇인지 조용히 생각해보곤 한다.		
	10. 나는 이 세상에서 하나밖에 없는 귀한 존재라고 느낀다.		

지능 영역	내용	예	아니오
자연 탐구 지능	1. 나는 나의 몸에 대해 관심이 많으며 주요기관들을 잘 알고 있는 편이다.		
	2. 나는 숲이나 산속을 걸어갈 때 동물의 발자국이나 새들의 둥지 등에 관심을 갖고, 또한 날씨 신호를 구분할 수 있다.		
	3. 나는 천문학, 우주의 탄생, 생명의 진화 등에 대해 관심이 많다.		
	4. 나는 여러 종류의 나무, 꽃, 식물 등을 구분할 수 있고 이름을 잘 기억한다.		
	5. 나는 애완동물을 키우고 있거나 애완동물을 좋아한다.		
	6. 나는 식물에 직접 물을 주고 잘 가꾼다.		
	7. 나는 세계적인 주요 환경 문제에 대한 이해와 관심을 가지고 있다.		
	8. 나는 자원을 아끼고 보존하는 것이 살아가는 데 중요한 문제라고 생각한다.		
	9. 나는 쓰레기를 버릴 때 분리를 잘해서 버리며 함부로 아무 곳에나 쓰레기를 버리지 않는다.		
	10. 나는 자주 이 세상에 있는 모든 자연이 신비하게 느껴질 때가 많고 궁금하다.		

각 지능별로 '예'에 표시한 수를 세어봅니다. 그 수만큼 막대그래프로 표시해봅니다.

	언어 지능	논리 수학 지능	공간 지능	신체 운동 지능	음악 지능	대인 관계 지능	자기 이해 지능	자연 탐구 지능
10								
9								
8								
7								
6								
5								
4								
3								
2								
1								

자신이 예상한 것과 비슷한가요? 의외로 지능 지수가 높게 나오거나 낮게 나온 것은 없나요? 선생님 반 민수는 음악지능이 '1'일 줄 알았는데 '3'이나 돼서 놀랐다고 하네요. 그리고 신체운동지능은 예상대로 높게 나왔다고 하네요.

여러분들의 지능 그래프를 살펴보세요. 이 그래프는 다른 사람과 나의 지능 중 어떤 사람의 지능이 더 높은지 알고자 하는 것이 아닙니다. 나의 다중지능 중에서 어떤 지능이 더 높은지, 어떤 지능이 더 낮은지를 알고자 하는 것입니다. 그러니 다른 사람과 비교하여 실망하거나 자만하는 일이 없도록 하세요.

지능 그래프를 살펴보면, 어떤 사람은 특별히 잘하는 것 없이 각 지능의 높이가 비슷하게 나오고, 또 어떤 사람은 로켓처럼 1~2가지 지능이 특히 높게 나타난 경우도 있습니다. 각 지능들이 비슷한 높이인 사람은 특별히 잘하고 못하는 것 없이 두루두루 좋아하는 경향이 많고, 로켓처럼 한 가지 지능만 높게 나온 사람은 잘함과 못함, 싫음과 좋음이 분명히 가려지는 사람입니다.

지능은 수시로 변합니다. 지금 이 순간에도 여러분들은 '다중지능 체크리스트' 활동을 통해 자기이해지능이 조금 더 높아졌을 것입니다. 선생님 반 현아는 언어지능이 다른 지능에 비해 많이 낮아서 이번 달에는 언어지능과 관련된 활동을 많이 할 계획이라고 하고, 효정이는 대인관계지능이 가장 높은 만큼 대인관계지능을 이용하여 다른 지능을 더 높일 수 있도록 친구들과 더 많은 활동을 할 계획이라고 합니다. 이번 달 나의 다중지능 지수를 통해 자신만의 다중지능 활동계획을 세워보세요. 지능은 내가 노력하는 만큼 변한다는 사실을 꼭 기억하세요.

04 다중지능과 직업

앞에서 다중지능 체크리스트를 통해 자신의 다중지능 그래프를 그려보았습니다. 평소 자신이 생각했던 지능의 성향과 검사 후 자신의 지능 성향이 같은 사람도 있고, 다른 사람도 있을 것입니다. 다중지능 평가 결과가 만족스럽든 그렇지 않든 중요한 것은 지금부터입니다.

다음은 선생님 반 영훈이의 다중지능 그래프입니다.

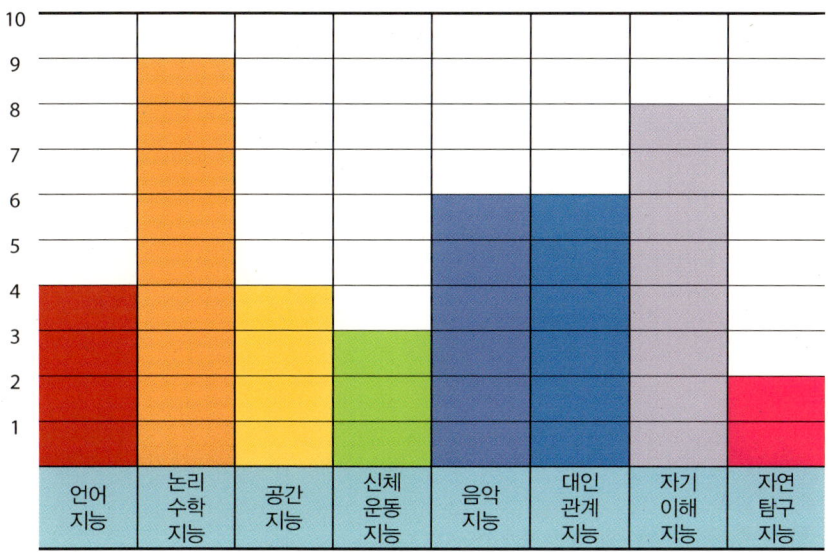

영훈이의 다중지능 그래프를 높게 나타난 순서대로 배열하였더니, 논리수학지능(9), 자기이해지능(8), 대인관계지능(6), 음악지능(6), 언어지능(4), 공간지능(4), 신체운동지능(3), 자연탐구지능(2)의 순으로 나타났습니다.

만약 영훈이가 물건을 파는 영업사원이 된다면 어떨까요? 논리수학지능이 높으므로 고객을 만났을 때 논리적으로 잘 설득하여 물건을 잘 팔 수 있을 것입니다. 그리고 자기이해지능이 높아 판매율을 높이기 위해 열심히 노력하고, 좀 더 좋은 성과를 내기 위한 계획을 세울 것입니다. 여기에 대인관계지능까지 조금 더 높인다면 고객들과 좋은 관계를 맺고, 고객들의 입장에서 물건에 대해 설명함으로써 그 일을 잘해낼 것입니다.

영훈이가 배우가 된다면 어떨까요? 배우에게 필요한 지능은 신체운동지능과 공간지능입니다. 그런데 영훈이는 신체운동지능과 공간지능이 낮으므로 배우를 하는 것이 많이 힘들 것이라 생각됩니다. 자기이해지능이 높아 열심히 노력하겠지만 그 노력만큼 좋은 결과를 얻기는 힘들 것 같습니다.

따라서 자신의 강점지능을 활용하여 꿈을 찾아 나가는 것이 중요합니다. 강점지능은 자신의 꿈을 찾아 나가는 부표이자 원동력입니다. 자신이 좋아하고 잘하는 능력인 강점지능을 활용하여 꿈을 찾아 나간다면 좀 더 적성에 맞는 일을 찾을 수 있으며, 그 분야의 일을 더 잘해낼 수 있고, 더불어 좀 더 행복한 삶을 살 수 있기 때문입니다.

다음의 표는 각 지능별 직업군입니다. 사람은 8가지 지능을 모두 가지고 있습니다. 다만 사람마다 8가지 지능의 높낮이가 다를 뿐입니다. 높낮이가 다른 각각의 지능들이 어떻게 상호작용하느냐에 따라 강점지능이 더욱 강해지기도 하고, 약해지기도 합니다. 자신의 다중지능 체크리스트 결과에서 신체운동지능이 다른 지능에 비해 월등히 높다면 운동선수를 꿈꿀 수도 있습니다. 대인관계지능이 높다면 운동선수 중에서도 팀으로 활동하는 축구, 야구 같은 종목을 택하는 것이 좋을 것이고, 대인관계지능이 낮다면 사격, 양궁 등 혼자 하는 종목을 택하는 것이 좋을 것입니다. 직업을 선택할 때는 강점지능 한 가지만을 참고하여 선택하는 것보다 2~3가지의 강점 지능을 고려하는 것이 바람직합니다. 왜냐하면 사람이 어떤 직업을 갖고 그 일을 할 때 한 가지 지능만 사용되는 것이 아니기 때문입니다.

그럼 강점 지능 2~3가지를 활용하여 직업을 선택하는 방법을 알아볼까요? 먼저 자신의 다중지능 점수를 가장 높은 것에서부터 낮은 것 순서대로 적어봅니다. 그중 가장 높은 지능 세 가지를 고릅니다. 예를 들어 신체운동지능(9), 언어지능(8), 대인관계지능(7) 순으로 나타났다면 이 세 가지 지능의 직업군을 탐색하여 자신의 꿈을 정할 수 있습니다. 신체운동지능이 강점지능이라 하여 운동선수만을 생각할 것이 아니라 언어지능 측면의 직업도 생각해보면 좋습니다. 또 신체운동지능과 언어지능을 결합하여 무용교사나 스포츠 방송의 기자나 해설가, 아나운서 등을 생각해보는 것도 좋습니다. 실제로 요즘 스포츠 뉴스를 보면 운동선수 출신의 해설가들이 많이 활약하는 것을 볼 수 있습니다.

직업을 선택할 때뿐만 아니라 그 직업을 선택한 후에 그 직업에서 성공을 하기 위해서도 이러한 방법이 사용될 수 있습니다. 영훈이는 논리수학지능이 가장 높고 그다음으로 자기이해지능, 대인관계지능, 음악지능이 높습니다. 만약 영훈이가 논리수학지능이나 자기이해지능이 강점지능인 의사가 되었을 때 자신의 제3, 4 강점지능인 대인관계지능과 음악지능(의사로서 사람들에게 친밀하게 다가가고 치료에 음악을 사용하는 것 등)을 발휘한다면 그 일에서 성공할 확률이 더 높을 수 있습니다. 왜냐하면 같은 직업을 가진 사람들 내에서는 그 직업에서 사용되지 않았던 지능들을 활용하는 것이 상대적으로 더 중요해지기 때문입니다. 그러므로 여러분도 2~3가지의 강점지능으로 자신의 미래직업을 좀 더 구체화시켜보세요.

| 지능영역별 직업군 |

작가, 사서, 방송인, 기자, 언어학자, 연설가, 변호사, 영업사원, 정치가, 설교사, 학원강사, 외교관, 성우, 번역가, 통역사, 문학평론가, 방송프로듀서, 판매원, 개그맨, 경영자, 아나운서, 시인, 리포터 등

엔지니어, 수학자, 물리학자, 과학자, 은행원, 컴퓨터 프로그래머, 구매 대리인, 생활설계사, 공인 회계사, 회계 감사원, 회사원, 탐정, 의사, 수학교사, 과학교사, 법조인, 정보기관원 등

조각가, 항해사, 디자이너(인테리어, 게임, 헤어, 웹, 무대, 컴퓨터그래픽 등), 엔지니어, 화가, 건축가, 설계사, 사진작가, 파일럿, 코디네이터, 애니메이터, 공예가, 미술교사, 탐험가, 택시운전사, 화장품 관련 직업, 동화작가, 요리사, 외과 의사, 치과 의사, 큐레이터, 서예가, 일러스트레이터 등

안무가, 무용가, 엔지니어, 운동선수, 스포츠 해설가, 체육학자, 외과 의사, 스포츠공학자, 물리치료사, 레크리에이션 지도자, 배우, 무용교사, 체육교사, 보석세공사, 군인, 스포츠 에이전트, 경락 마사지사, 발레리나, 산악인, 치어리더, 경찰, 체육관 관장, 경호원, 뮤지컬 배우, 조각가, 도예가, 사회체육 지도자, 건축가, 정비기술자, 카레이서, 파일럿 등

음악지능

음악가(성악가, 연주자, 작곡가, 지휘자 등), 음악치료사, 음향 기술자, 음악 평론가, 피아노 조율사, DJ, 가수, 댄서, 음악교사, 음반 제작자, 영화 음악 작곡가, 반주자, 음악 공연 연출가 등

대인관계지능

사회학자, 교장, 정치가, 종교 지도자, 사회운동가, 웨딩 플래너, 사회단체위원, 기업 경영자, 호텔 경영자, 정신과 의사, 카운슬러, 법조인, 배우, 이벤트 사업가, 외교관, 정치가, 호텔리어, 방송 프로듀서, 간호사, 사회복지사, 교사, 개인 사업가(상업, 중소기업), 회사원, 영업사원, 개그맨, 유치원이나 어린이집 교사, 경찰관, 비서, 가정방문 학습지 교사, 승무원, 판매원, 선교사, 상담원, 마케팅 조사원, 컨설턴트, 펀드 매니저, 교육 사업가, 관광 가이드 등

자기이해지능

신학자, 심리학자, 작가, 발명가, 철학자, 정신분석학자, 성직자, 작곡가, 기업가, 예술인, 심리 치료사, 심령술사, 역술인 등

자연탐구지능

유전 공학자, 식물학자, 생물학자, 수의사, 농화학자, 조류학자, 천문학자, 고고학자, 한의사, 의사, 약사, 환경운동가, 농장 운영자, 조리사, 동물 조련사, 요리 평론가, 식물도감 제작자, 원예가, 약초 연구가, 화원 경영자, 생명 공학자, 생물 교사, 지구과학 교사, 동물원 관련 직종 등

05 다중지능과 사람

우리 주변에는 자신의 직업분야에서 성공한 사람들이 많이 있습니다. 그 사람들이 어떤 강점지능을 갖고 있으며, 어떻게 꿈을 이루었는지에 대해 알아보면서 자신의 꿈을 설계해봅시다. 먼저 하워드 가드너의 8가지 지능에 관련하여 대표되는 사람들을 2～3명씩 적어봅시다.

지능영역별 대표적인 인물	
언어지능	
논리수학지능	
공간지능	
신체운동지능	
음악지능	
대인관계지능	
자기이해지능	
자연탐구지능	

언어지능이 높은 대표적인 인물로는『강아지 똥』을 쓴 권정생 선생님, 해리 포터의 작가 조앤 롤링, 연예인 김제동 등이 있습니다.

논리수학지능이 높은 대표적인 인물로는 윈도우즈의 개발자 빌 게이츠, 아이폰의 개발자 스티브 잡스 등이 있고, 공간지능이 높은 대표적인 인물로는 의상디자이너로 유명한 앙드레 김, 20세기 현대 미술의 거장 피카소 등이 있습니다.

신체운동지능이 높은 대표적인 인물로는 영국 프리미어리그에서 동양인으로는 최초로 붙박이 주장을 했던 박지성 선수, 여자 피겨선수로는 처음으로 200점을 넘었고 세계 신기록을 가지고 있는 피겨여왕 김연아 선수, 올림픽 수영 자유형 종목에서 금메달을 목에 건 박태환 선수, 러시아 국립발레단 여자 주인공을 맡은 발레리나 강수진, 마임으로 유명한 유진규 씨 등이 있습니다.

음악지능이 높은 대표적인 인물로는 세계적인 지휘자 정명훈, '강남 스타일'이라는 노래로 전 세계를 깜짝 놀라게 하고 미국 빌보드 차트에서 2위를 한 가수 싸이, K-pop 스타인 지드래곤, 티아라, 카라 등이 있습니다.

그리고 대인관계지능이 높은 대표적인 인물로는 2002년 월드컵 때 뛰어난 선수관리로 우리나라를 4강에 올려놓은 히딩크 감독, 오랫동안 예능 프로그램의 사회를 맡고 있는 유재석 등이 있고, 자기이해지능이 높은 대표적인 인물로는 우리나라의 독립을 위하여 자신의 목숨을 내놓으신 백범 김구 선생님, 어려운 이웃을 위하여 자신을 희생하신 김수환 추기경님 등이 있습니다. 또한 자연탐구지능이 높은 대표적인 인물로는 새박사 윤무부 박사님, 우리나라 최초의 여자 우주인 이소연 씨 등이 있습니다.

이상으로 각 지능별 대표 인물들에 대해 알아보았습니다. 위 사람들은 유명한 사람들이라는 것 외에 자신이 좋아하는 일을 하며, 꿈을 이루어나가는 사람들이라는 공통점을 갖고 있습니다. 한 예로 우리에게 친근한 박지성은 동양인 최초로 세계에서 가장 경쟁이 치열한 프리미어리그에서 주장을 했던 축구선수입니다. 그의 강점지능은 신체운동지능입니다. 그러나 그가 신체운동지능 하나만으로 지금의 자리까지 오른 것은 아닙니다. 박지성은 초등학교 4학년 때부터 하루도 빠짐없이 축구연습을 하였고, 기술을 익히기 위해 매일 노력하였다고 합니다. 그래서 주변 사람들이 박지성을 보고 '연습벌레'라는 별명을 지어줄 정도였다고 합니다. 그리고 축구연습을 하며 있었던 일, 잘 되었던 일, 노력해야 할 일 등을 일기로 쓰면서 자신에 대해 점검하고, 세계적인 선수가 될 자신의 모습을 꿈꾸었다고 합니다. 이러한 매일의 활동으로 박지성은 신체운동지능뿐만 아니라 자기이해지능도 높아졌을 것입니다.

초등학생 시절 박지성은 내성적인 성격으로 사람들 앞에 잘 나서지 못하고 친구도 많지 않았다고 합니다. 이것으로 보아 박지성의 대인관계지능은 그리 높지 않았을 것입니다. 그러나 박지성은 자기가 잘하고, 좋아하는 축구를 통해 같이 경기하는 동료들에게 관심을 갖고, 이해하려고 노력하였다고 합니다. 특히 월드컵 아시아 지역예선 대한민국 축구 국가대표팀의 주장이 된 박지성은 항상 선수들의 의견에 귀 기울이고, 건의 사항이 있으면 코칭스태프에게 바로 전달하려고 노력하며, 코칭스태프가 의견을 물어오면 혼자 결정하는 것이 아니라 막내 선수에게까지 일일이 의견을 묻고 동의를 구하려고 노력하였다고 합니다. 그러면서 그는 훌륭한 주장이 될 수 있었고, 그의 대인관계지능 또한 높아졌을 것입니다.

박지성은 초등학교 4학년 때부터 축구부 활동을 하였기 때문에 외국어를 배울 기회가 많지 않았습니다. 친구들이 영어 단어를 외울 시간에 운동장에 나가서 연습을 해야 했으니까요. 그런데 박지성은 20살 때부터 해외 구단에서 생활하였습니다. 그때부터 박지성은 훈련이
끝나자마자 숙소로 돌아와 밤늦게까지 외국
어를 공부했다고 합니다. 그래서 지금은 외
국인 동료들과 대화하는 데도 어려움이 없
고, 영국 기자들과 인터뷰를 할 때도 영어로
하고, 감독의 작전 지시도 능숙하게 알아듣
는다고 합니다. 이렇게 볼 때 박지성은 언어
지능도 높아졌다는 것을 알 수 있습니다.

　앞에서도 이야기했듯이 인간의 다중지능
은 계속 변합니다. 박지성의 경우를 봐도 알
수 있습니다. 어렸을 적 그는 신체운동지능
만 높았으나 열심히 노력하여 신체운동지능뿐만 아니라 자기이해지능, 대인
관계지능, 언어지능 또한 상당한 수준까지 높인 것을 알 수 있습니다. 이 지능
들은 그가 꿈을 이루기 위한 과정 속에서 필요했고, 그의 끊임없는 노력으로
높아진 것입니다.

　일반적으로 꿈을 이루기 위해서는 강점지능과 자기이해지능, 대인관계지
능이 높아야 합니다. 강점지능은 자신이 어떤 일을 하고자 할 때 가장 핵심이
되는 지능으로 아무리 강조해도 지나침이 없습니다. 따라서 자신의 강점지능
을 꾸준히 성장시키기 위해 끊임없이 배우고 노력하는 자세가 중요합니다.

　대인관계지능은 우리가 여러 사람들과 함께 더불어 살아간다는 점에서 매
우 중요합니다. 우리는 흔히 인간을 사회적 동물이라고 합니다. 그만큼 관계
성이 중요하다는 말이기도 합니다. 아무리 뛰어난 천재라도 도와주는 사람이
없이는 어떤 일도 이루어낼 수 없습니다. 박지성의 경우를 봐도 알 수 있습니

다. 그가 아무리 축구의 재능을 가지고 있어도 그를 언제나 뒷받침해주고 지지해준 아버지, 그를 지도해준 히딩크 감독, 그와 팀워크를 이루어 월드컵 4강 진출을 가능하게 했던 동료들과 스태프들이 없었다면 그는 월드컵에서 좋은 성과를 내지 못했을 것입니다.

자기이해지능은 나는 누구인지, 무엇을 좋아하고 잘하는지, 무엇을 하고 싶은지, 어떻게 살 것인지 등에 대해 끊임없이 성찰하는 능력으로 자신의 꿈을 실현하기 위해 가장 기본이 되는 지능입니다. 꾸준한 연습과 노력, 좌절을 딛고 일어서는 힘이 없이는 어떤 일도 해낼 수 없습니다. 꿈을 향해 달려갈 때 항상 좋은 일만 있지는 않습니다. 매번 문제가 쉽게 풀리는 것도 아닙니다. 오히려 좌절과 슬럼프를 겪고, 실패의 늪에 빠져 허우적거릴 때가 더 많습니다. 그때 묵묵히 견디고, 이겨낼 수 있어야 합니다. 자신의 분야에서 성공을 거둔 사람들도 낙담하고, 좌절하고, 참고, 견뎌내면서 지금의 모습에 이른 것입니다. 그러므로 꿈을 이루기 위해서는 자기이해지능이 매우 중요합니다.

김연아 선수는 슬럼프에 빠지거나, 연습으로 지치고 힘들 때 '이 또한 지나가리라.'라는 말을 떠올리며 그 순간들을 이겨낸다고 합니다. 박지성 선수는 '내가 최고다. 이 경기장에선 내가 주인공이다.'라는 말을 떠올리며 매 순간 경기를 한다고 합니다. 자신에게 힘을 줄 수 있는 말 한마디가 때로는 힘들고 어려운 상황으로 좌절해 있는 자신을 일으켜줄 수 있습니다.

여러분들도 자신에게 힘을 줄 수 있는 말을 찾아보세요.

이야기
둘

1학기를
살아가며

06 다중지능과 수업

지금은 1교시 국어 읽기 시간입니다. 『황금알을 낳는 거위』 이야기를 읽고, 이야기 속 인물의 말과 행동을 보고 깨달은 점을 말하는 것이 오늘의 수업목표입니다. 우리는 선생님과 함께 책을 읽고, 줄거리를 파악하고, 주인공들의 말과 행동을 되짚어보고, 깨달은 것이 무엇인지 이야기합니다. 이렇게 수업이 진행되는 동안 수업에 적극적으로 참여하는 친구는 아마도 언어지능이 강점지능일 가능성이 많습니다. 혹시 책이나 공책에 그림을 그리고 있는 친구, 몸을 배배꼬고, 옆 사람을 툭툭 치고, 책상 서랍에 있는 물건을 만지고 있는 친구들이 있을 수 있습니다. 이 친구들은 언어지능이 약점지능일 수 있습니다. 언어지능을 많이 필요로 하는 국어시간이 지루하고 어렵게 느껴지기 때문입니다. 우리가 어떤 수업은 즐겁다고 느끼고, 또 다른 어떤 수업은 힘들다고 느끼는 것은 자신의 강점지능, 약점지능과 관련이 있습니다.

아래 표를 보며, 자신이 좋아하는 교과에 ○표 해보세요. 자신의 강점지능에 ○표 해보세요.

교과	표시	다중지능영역	표시
바른생활		자기이해지능	
슬기로운생활		논리수학, 자연관찰지능	
즐거운 생활		음악, 신체운동, 공간지능	
국어		언어지능	
수학		논리수학지능	
과학		자연관찰지능	
사회		대인관계지능	
영어		언어지능	
도덕		자기이해지능	
음악		음악지능	
미술		공간지능	
체육		신체운동지능	
실과		공간지능, 자연관찰지능	

교과와 다중지능영역에 ○표 한 것이 일치하였나요? 위의 표는 교과의 특성에 따른 지능의 영역을 구분해 놓은 것입니다. 자신의 강점지능과 관련이 있는 교과수업은 참 재미있습니다. 그래서 그 수업시간에 더 적극적으로 참여하고, 활동하게 되며, 자연히 강점지능은 더욱더 높아집니다. 아영이는 자연관찰지능이 강점지능이고 언어지능이 약점지능입니다. 그래서인지 과학수업은 재미있지만, 국어수업은 흥미를 느끼지 못한다고 합니다. 아영이는 과학시

간 내내 열심히 참여합니다. 아영이의 자연관찰지능은 더욱더 높아지고 있습니다.

과학이라는 교과 자체는 자연관찰지능을 기본으로 하고 있습니다. 더불어 여러 가지 활동을 통해 다양한 지능들을 경험하기도 합니다. 한 예로, 아영이는 오늘 과학시간에 어떻게 했을 때 그림자의 크기가 달라지는지를 실험하였습니다. 이 수업을 하면서 아영이가 어떤 활동들을 했고 그 활동들은 어떤 지능과 관련이 있는지 살펴보겠습니다.

* 아영이는 말을 탄 장군과 종이인형을 만들었습니다(공간지능).
* 옆의 짝 용민이에게 활동방법을 설명해주고, 도와주었습니다(언어지능, 대인관계지능).
* 종이인형을 어떻게 놓으면 그림자가 커지는지 예상하고, 실험 방법을 추론하였습니다(논리수학지능).
* 모둠별 토의를 통해 직접 손전등과 스크린, 종이인형을 놓고 움직였습니다(대인관계지능, 언어지능, 신체운동지능, 자연관찰지능).
* 모둠에서 찾아낸 방법과 과학적 사실을 정리하여 발표하였습니다(자연관찰지능, 논리수학지능, 언어지능).

아영이는 자신의 강점지능과 관련 있는 과학시간에 열심히 즐겁게 참여함으로써 다양한 지능영역 활동을 할 수 있었습니다. 그래서 강점지능뿐만 아니라 다른 지능들도 함께 높일 수 있었고, 특히 자신의 약점지능이어서 힘들었던 언어지능영역 활동도 즐겁게 참여할 수 있었습니다.

약점지능과 관련 있는 수업시간에는 수업활동적인 측면에서 자신의 강점지능들을 활용하는 것이 좋습니다. 논리수학지능이 약점지능인 지훈이는 수학시간이 힘들고 어렵게 느껴진다고 합니다. 수학시간에는 계산문제도 풀지만 도형이나 그래프를 그리기도 합니다. 그리고 수업의 도입부분에서는 구체적인 물건을 이용하여 활동을 하는 경우도 많습니다. 예를 들어 연필의 길이를 재는 활동, 교실에 있는 물건들을 저울에 달아보는 활동 등이 있습니다. 구체적인 활동을 몸으로 해보기도 하고 물건들을 만들거나 오리기도 합니다. 이처럼 수학시간이지만 논리수학지능이 아닌 신체운동지능이나 공간지능 등 다른 지능들이 사용되기도 합니다. 그리고 때로는 대인관계지능을 이용하여 친구나 선생님께 도움을 요청할 수도 있습니다. 이렇게 자신의 약점지능과 관련 있는 교과를 공부할 때에는 약점지능 수업이니까 포기해야지 할 것이 아니라 그 수업 활동에서 자신의 제1, 제2, 제3 강점지능들을 활용하여 하기 싫은 마음, 포기하고 싶은 마음을 극복해나가는 지혜가 필요합니다.

07 다중지능과 일기

　일기는 방학할 때는 가장 쉬운 숙제이지만 개학할 때가 되면 가장 힘들어지는 숙제입니다. 왜냐하면 다른 숙제들은 시간이 오래 걸리고 적게 걸리고의 차이만 있을 뿐 한 번에 해결할 수 있는 것인데 반해 일기는 하루하루의 기록들이 쌓여야 하는 것이기 때문입니다. 그래서 개학 전날이 되면 그동안 밀렸던 일기를 쓰느라 혼쭐이 났던 경험을 누구나 한 번쯤은 가지고 있을 것입니다.

　또한 일기 쓰기는 '시작'이라는 마음으로 새 학년이 되면 하는 것 중 하나입니다. 우리는 새롭게 시작하는 마음으로 자신의 모습과 각오를 일기에 담음으로써 다가올 1년을 알차게 보내겠다는 희망을 갖습니다. 이와 같은 일기 쓰기는 자기이해지능과 언어지능 활동입니다.

　먼저 자기이해지능 측면을 살펴보겠습니다. 우리는 일기를 쓰면서 그날 자신에게 있었던 일을 되돌아봅니다. 자신을 칭찬하거나 반성하면서 자기 성찰의 시간을 갖습니다. 자신이 했던 일을 기록하면서 그것을 할 때의 생각과 느낌, 기분은 어땠었는지를 의식적으로 되돌아보는 일, 그것은 어떤 일을 해나가는 것보다 더 중요한 일입니다. 아침, 점심, 저녁 식사가 우리의 신체적인 성장을 위해 꼭 필요한 것이라면 일기 쓰기는 우리의 정신적인 성장을 위해 꼭 필요한 식사라고 할 수 있습니다. 그 시간을 통해 자신이 한 일을 반성하게 되고, 그것과 비슷한 경험을 하게 될 때 '어떻게 하겠다'는 다짐을 하게 되고, 그 다짐을 통해 우리는 더 열심히 노력하고자 하는 의욕을 갖게 됩니다.

다음으로 일기 쓰기는 글로 표현되기 때문에 언어지능 활동입니다. 자신의 활동에 대해 생각하고 그것을 자신이 알고 있는 단어를 활용하여 함축적으로 표현하는 것 또한 고도의 언어지능을 필요로 하는 활동입니다. 그 날에 있었던 일을 글로 씀으로써 자신의 활동에 대해 어떤 생각과 느낌이 들었는지를 의식적으로 재정립하는 것입니다.

이렇게 일기는 우리가 꿈을 갖고 살아가는 데 가장 기본이 된다고 할 수 있는 자기이해지능을 높이는 대표적인 활동이며 더불어 글로 표현함으로써 언어지능 또한 높일 수 있는 활동입니다. 그 외에도 다양한 형태의 일기 쓰기로 다른 지능을 높일 수도 있습니다. 언어지능이 약점지능인 친구들은 자신의 강점지능과 관련 있는 일기 쓰기 방법으로 일기를 써도 좋습니다. 그렇게 해서 일기 쓰기에 흥미를 갖는 것이 중요합니다.

| 다중지능과 일기 |

다중지능 영역별 일기의 형태	
언어지능	독서일기, 영어일기, 인터뷰일기
공간지능	그림일기, 사진일기, 만화일기
논리수학지능	뉴스일기, 신문일기
대인관계지능	모둠일기, 학급일기
자연관찰지능	관찰일기

많은 친구들이 일기 쓰기를 시작하면 한 달도 채 안 돼서 "선생님, 일기 쓸
게 없어요."라고 합니다. 하루하루가 커다란 변화 없이 일상적인 일들이 계속
이어지기 때문에 매일매일 일기 쓰는 것을 어려워합니다. 그런 측면에서 본다
면 위의 다양한 형태의 일기 쓰기를 통해 그 어려움을 조금은 해소할 수 있으
리라 생각합니다. 그리고 이를 조금 더 잘 활용하려면 자신의 강점지능과 약
점지능을 생각하며 그에 맞게 일기를 쓰는 것도 좋겠습니다. 아무래도 자신이
잘하고 좋아하는 형태의 일기 쓰기를 한다면 재미도 있고, 내용도 풍성해질
수 있을 테니까요.

그런데 일기는 일주일에 과연 몇 번이나 써야 할까요? 어떤 사람은 매일
써야 한다고 하고, 어떤 사람은 일주일에 3~4번만 써도 된다고 하고, 어떤
사람은 1~2번만 써도 된다고 합니다. 일기는 매일매일 꾸준히 쓰는 것이 중
요합니다. 여기에서 중요한 것은 매일매일이 아니라 '꾸준히'입니다. 일주일
에 몇 번, 한 달에 몇 번은 중요하지 않습니다. 일주일에 단 하루를 쓰더라도
그것이 1년이 모이면 50번의 일기가 됩니다. 물론 더 많으면 좋겠죠. 하지만
많은 사람들이 '매일 매일'을 강조하다가 '꾸준히'를 실천하지 못합니다. 따
라서 자신의 의지와 능력에 맞게 일기를 쓰되 꾸준히 쓰는 것이 좋습니다.
지금의 꾸준한 일기 쓰기 습관이 여러분이 어른이 되어 힘들거나 슬플 때 여
러분을 위로하고 다독여줄 수 있을 것입니다.

08 다중지능과 동아리

　　동아리 활동은 실제적인 경험을 통한 꿈 키우기 활동으로 강점지능을 활용하고 높이기에 아주 좋은 활동입니다. 동아리 활동은 학교마다 다를 수 있겠지만 보통 4~6학년 학생들 위주로 활동합니다. 자신의 학교에 어떤 동아리들이 있는지 알아보고 그것들이 어떤 지능과 관련 있는지 아래의 표를 참고하여 알아봅시다.

| 강점지능과 동아리 |

강점지능에 따른 동아리 활동	
언어지능	방송부, 신문부, 글짓기부 등
논리수학지능	과학탐구부, 칠교부, 펜토미노부 등
음악지능	리코더부, 플루트부, 오카리나부, 합창부 등
공간지능	만들기부, 그림 그리기부, 십자수부, 손뜨개질부, 만화 그리기부 등
신체운동지능	축구부, 농구부, 탁구부, 저글링부, 접시돌리기부, 자전거부, 스피드 스텍스부, 야구부, 음악줄넘기부, 댄스부 등
자연관찰지능	과학실험부, 생태체험부, 애완동물기르기부 등
대인관계지능	보드게임부, 카드게임부, 장기부, 체스부, 바둑부 등

　보통은 동아리를 선택할 때 재미있게 보이는 것, 해보고 싶은 것 등을 고릅니다. 자신은 아무 생각 없이 골랐지만 그것이 결국은 자신의 강점지능과 관련이 있습니다. 그런데 강점지능과 관련하여 동아리를 선택하면 자신이 잘하는 영역이기 때문에 동아리 활동을 하면서 많은 즐거움을 느낄 수 있고, 자신감도 높아져서 동아리 운영 및 활동을 함에 있어 자신의 생각을 적극적으로 표현할 수 있습니다. 그리고 동아리 활동을 어려워하는 친구나 후배들을 가르쳐 주고 이끌어 줌으로써 대인관계지능을 높일 수도 있습니다.

　일반적으로는 학교에서 정해진 동아리들 중에서 자신이 활동할 동아리를 선택합니다. 그래서 자신이 하고 싶은 동아리가 없는데도 어쩔 수 없이 활동하는 경우도 있습니다. 그런데 몇 학교에서는 동아리 부서를 선생님들께서 정해주시지 않고, 학생들이 만들 수 있도록 하고 있습니다. 처음 동아리를 만드는 것에서부터 활동하는 것까지 모두 학생들이 선택하고 결정하는 학교도 있고, 부분적으로 선생님들께서 도와주시는 경우도 있습니다. 정도의 차이는 있지만 보통은 다음과 같은 과정을 거치게 됩니다.

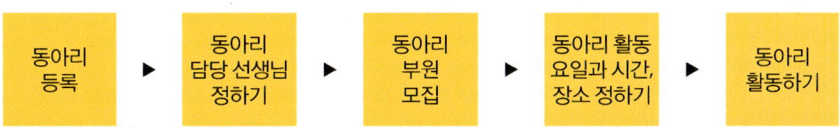

동아리 등록 ▸ 동아리 담당 선생님 정하기 ▸ 동아리 부원 모집 ▸ 동아리 활동 요일과 시간, 장소 정하기 ▸ 동아리 활동하기

　농구부를 만들고 싶을 경우, 강점지능이 비슷한 친구들에게 같이 농구부를 만들자고 이야기하여 5명 이상을 모읍니다. 적정 인원이 모이면 동아리 등록을 할 수 있게 됩니다. 이렇게 동아리 등록을 하고 모인 최초의 동아리원들이 동아리 부원모집광고를 만듭니다. 모집광고지를 붙이면서 홍보도 하고, 면접도 보고, 동아리 규칙도 정하고, 모이는 날짜와 시간, 장소도 정합니다.

동아리 활동은 자신의 꿈을 위한 연습장입니다. 만약 아나운서가 되는 것이 꿈인 학생이 있다면 방송반 활동을 하면 됩니다. 방송반 활동을 하면서 아나운서가 해야 할 일을 책으로, 글로 접하는 것이 아니라 몸으로 직접 부딪혀보면서 실제적인 경험을 쌓는 것입니다.

실제로 아나운서 시험에 합격하여 방송국에 들어갔다고 바로 아나운서 일을 하는 것이 아닌 것처럼 동아리에서도 그럴 수 있습니다. 처음부터 마이크 앞에 앉아 방송을 하는 것이 아니라, 선배들이 하는 일을 옆에서 지켜보거나 혹은 음악을 준비하는 일 등 기대 이하의 일을 하게 될지도 모릅니다. 실제 직업세계도 그렇습니다. 화려해 보이고, 멋있어 보이고, 좋아 보이는 일 외에도 눈에 보이지 않는 어렵고, 힘든 일들을 해야만 비로소 진짜 멋있는 일을 할 수 있는 경우가 아주 많습니다. 그럴 때 힘들고 어렵다고 그 일을 포기한다면 그 사람은 자신의 꿈을 이루지 못할 가능성이 높습니다. 자신의 꿈을 이루기 위해서 힘든 일, 하기 싫은 일을 참고 하는 능력, 즉 자기이해지능(끈기, 인내심, 노력, 열정 등)을 높이려는 노력을 해야 하는 이유도 여기에 있습니다.

그리고 동아리 활동을 하다 보면 분명히 내가 더 잘하고 실력도 좋은데 선배들도 후배들도 A라는 아이를 더 좋아하고 그 아이에게 좋은 일을 맡기는 경우도 생깁니다. 실제로 어른들의 직장생활도 그렇습니다. 실력이 최우선인 것이 맞지만, 때로는 실력보다 대인관계가 중요한 영향을 미치는 경우가 많습니다. 그래서 평소 생활에서나 동아리 활동을 함에 있어서 친구나 선후배들과 잘 지내는 것 또한 중요합니다.

꿈을 이루기 위해서 강점지능뿐만 아니라 자기이해지능과 대인관계지능도 중요하다고 하였습니다. 올해 선택한 동아리가 자신의 꿈을 펼치는 연습장이라고 생각하고 열심히 꿈을 위해 활동해보길 바랍니다.

09 다중지능과 과학의 날

학교에서는 특정한 날을 주제로 활동을 하기도 합니다. 예를 들어 3월은 새 학년을 시작하는 달이므로 만남을 주제로 친교 활동을 합니다. 4월은 '과학의 날'입니다. 그래서 4월이 되면 학교에서 혹은 학급에서 다양한 과학 행사를 합니다. 따라서 자연관찰지능이 강점지능인 친구들이 자신의 지능을 맘껏 뽐낼수 있습니다. 하지만 모든 활동들이 하나의 지능 활동만 있지 않듯이 과학의 날 활동들 또한 자연관찰지능과 함께 다른 지능들이 함께 작용합니다.

| 다중지능과 과학의 날 활동 |

주요 지능에 따른 과학의 날 활동	
자연관찰지능 + 언어지능	과학글짓기, 과학독후감 쓰기, 관찰일지 쓰기 등
자연관찰지능 + 논리수학지능	날달걀을 공중에서 떨어뜨려 깨뜨리지 않기, 자연관찰탐구, 과학탐구, 종이비행기 오래 날리기 등
자연관찰지능 + 음악지능	음악을 이용한 양파실험 등
자연관찰지능 + 공간지능	과학상상그리기, 과학상자, 물로켓, 글라이더, 고무동력기 만들기 등
자연관찰지능 + 신체운동지능	글라이더 날리기, 고무동력기 날리기 등
자연관찰지능 + 대인관계지능	애완동물 기르기 등

여러분들은 위의 활동들 중 어떤 활동이 가장 재미있었나요? 가장 잘했고, 그래서 재미있었던 활동이 결국은 자신의 강점지능과 연관되어 있습니다. 선생님은 과학상상그리기 활동을 가장 좋아했고, 잘했습니다. 선생님의 강점지능이 공간지능이었기 때문이죠.

　우리는 과학의 날 활동들을 통해 자신의 강점지능과 자연관찰지능을 기를 수 있습니다. 과학적 원리에 대한 이해와 사고 그리고 과학적 상상력을 바탕으로 자신이 좋아하고 잘하는 활동을 하기 때문입니다.

　언어지능이 강점지능인 친구에게는 과학독후감 쓰기를 권합니다. 과학독후감 쓰기는 과학책을 자주 접하지 않은 학생의 경우 조금은 어려울 수 있겠지만 평소 자신이 좋아하는 독서와 글쓰기를 바탕으로 한 활동이기 때문에 다른 친구들보다는 수월하게 할 수 있습니다. 과학 독서 활동을 통해 과학적 지식을 얻고 이해한 후 자신의 생각과 느낌을 글로 풀어나갑니다. 과학 독서 활동 이후에는 자신이 좋아하는 글쓰기 활동이기 때문에 어렵지 않게 활동할 수 있습니다. 이렇게 그 친구는 과학독후감 쓰기를 통해 강점지능인 언어지능을 높이고 더불어 자연관찰지능도 함께 높일 수 있게 되는 것입니다.

　예전과 달리 요즘은 과학의 날 활동이 학교마다, 학급마다 다양한 형태로 이루어집니다. 먼저, 과학의 날 활동이 학급단위로 실시되는 경우입니다. 이때는 우리 반 전체가 1~2가지 활동을 다 같이 하는 것이므로 자신이 좋아하는 활동이 아니더라도 긍정적인 마음으로 참여하길 권합니다. 다중지능의 관점에서 보면 어떤 것도 좋지 않은 것은 없습니다. 자신의 강점지능과 관련 있는 활동이면 더없이 좋겠지만 그렇지 않더라도 자신의 약점지능을 높이거나 의외의 강점지능을 발견할 수 있는 좋은 기회이니 적극적으로 즐겁게 활동하면 자신의 다중지능 또한 높아질 수 있습니다.

다음은 과학의 날 활동이 학교에서 대회의 형식으로 이루어져서 자신이 활동을 선택할 수 있는 경우입니다. 이런 경우에는 강점지능과 관련된 활동들에 참가할 것을 권합니다. 자신이 가장 잘하고, 좋아하는 방법으로 활동하기 때문에 그 활동 자체가 기쁨이고, 즐거움이 될 수 있습니다. 거기서 더 나아가 대회에서의 결과도 생각한다면 더더욱 그렇습니다. 그리고 어떤 활동이든지 그것을 경험해보는 정도로만 생각한다면 활동에 참여하는 것만으로도 즐겁고 재미있습니다. 특별히 무엇을 완성해야 한다는 생각은 하지 않아도 됩니다. 그럴 때 자신이 행복하다면 그렇게 하는 것이 좋습니다. 그러나 이 대회에서 좋은 결과를 얻고 싶다고 생각한다면 그 순간부터는 자기이해지능이 대단히 중요합니다. 활동을 끝까지 잘 마무리하여 완성하는 것이 중요하기 때문입니다.

한 예로, 과학상상화그리기의 경우 구상을 하고 스케치를 합니다. 대부분의 친구들이 즐겁게 활동을 시작합니다. 초기에는 모두 열심히 스케치하고 색칠합니다. 그러나 활동 중반 즈음에 다다르면 옆 친구와 이야기하는 사람, 돌아다니는 사람이 많아지고 교실이 조금씩 소란스러워집니다. 여기까지가 즐거운 활동이고, 자연관찰지능과 공간지능 활동을 한 것입니다.

그 이후부터는 자기와의 싸움입니다. 인내심, 책임감, 지구력 등 자기이해지능이 높은 친구들은 그만두고 싶은 마음을 참고 그림을 끝까지 완성하기 위해 열심히 꼼꼼히 색칠을 합니다. 자기이해지능이 높지 않더라도 하기 싫은 마음을 꾹 누르고 끝까지 완성한다면 과학상상화그리기를 통해 인내심, 책임감, 지구력 등을 더 기를 수 있습니다. 그래서 다음에 어떤 일을 할 때 지금보다는 좀 더 쉽게 마무리하고 완성할 수 있게 됩니다. 그리고 그 일을 해냈다는 성취감도 더 느낄 수 있을 것입니다. 그 성취감을 느꼈을 때 얼마나 행복한지를 알기 때문에 그 사람은 다음에 다른 일을 할 때도 힘들고 어렵지만 더 많이

참을 수 있고 노력할 수 있게 됩니다.

우리는 산을 오를 때 보통 즐거운 마음으로 산을 오릅니다. 그러나 산을 조금 오르다 보면 숨이 차기 시작합니다. 그래서 조금 쉬어가기도 하고 뒤를 돌아보며 내가 올라온 길을 되돌아보기도 합니다. 그리고 산의 중턱 즈음 올라갔을 때 펼쳐지는 눈앞의 풍경을 통해 행복을 느낍니다. 이대로도 참 좋습니다. 여기에서 산을 내려갈 수도 있습니다. 그런데 이 행복을 느끼는 것에 만족하지 않고 어렵고 힘들지만 조금 더 올라가고자 합니다. 이때부터는 올라가면서 땀도 나고 다리도 아프고 숨도 차오릅니다. 괜히 올라왔다는 후회도 생길 수 있습니다. 그러나 이러한 힘겨움을 참고 견뎌 산을 오르고 난 후 아래를 내려다보면 아까와는 다른 더 멋진 풍경이 눈에 들어옵니다. 살랑살랑 부는 바람에 시원함도 더해집니다. 산 중턱에서 느꼈던 행복이나 만족보다 더 큰 행복과 만족을 느낍니다. 그렇게 2~3번의 성취감, 만족감, 행복감을 경험하고 나면 정상까지 가는 것을 주저하지 않고 곧장 전속력을 다해 올라갑니다. 정상에는 내가 감히 상상하지 못했던 것들이 있음을 머리로, 가슴으로, 온몸으로 느끼고 알고 있기 때문입니다.

우리의 꿈도 그렇습니다. 일상에서의 노력, 의지를 통해 이루어진 작은 완성들이 모여 내가 되고, 꿈에 한 발짝 다가서게 되는 것입니다. 그때그때의 내가 미래에 있을 나를 만드는 것입니다.

다중지능과
식물 키우기

4~5월이 되면 전국 각지에서 봄꽃 축제가 한창입니다. 거리에는 가족과 함께 봄꽃 축제를 즐기러 나온 사람들로 북적댑니다. 학교에서도 학급마다 식물 키우기 활동을 합니다. 씨앗을 사다가 화분이나 그릇에 심고 이름도 지어주는 등 자신만의 식물을 키웁니다. 이러한 식물 키우기 활동은 대표적인 자연관찰지능 활동입니다.

식물 키우기 활동에는 씨앗을 심어 키우기와 모종으로 키우기의 2가지 형태가 있습니다. 씨앗을 심어 키우는 활동은 4월쯤 많이 하고, 모종으로 키우기 활동은 5월 초쯤 토마토, 상추, 고추, 고구마 등의 모종을 사서 합니다.

식물 키우기를 처음 해보는 친구들에게는 모종을 사서 키우는 활동을 추천합니다. 모종으로 키우는 것이 씨앗을 심어 키우는 것보다 조금 더 쉽기 때문입니다. 그리고 꽃이 피는 식물도 좋지만 열매 식물 키우기 활동이 더 즐거울 수 있습니다. 그중에서도 방울토마토 키우기를 권합니다. 왜냐하면 방울토마토 키우기는 모종 심기도 어렵지 않으며, 키우는 기간도 짧아 손쉽게 키울 수 있기 때문입니다. 그리고 무엇보다 방울토마토를 따먹는 재미가 아주 좋답니다.

씨앗을 심어 키우는 경우는 모종을 사서 키우는 경우보다 몇 배의 노력과

정성을 들여야 합니다. 씨앗을 심은 화분을 햇빛이 잘 드는 곳에 두고, 매일 적당량의 물을 주고, 새싹이 나오기를 기다려야 합니다. 그렇게 많은 관심을 기울인 만큼 새싹이 나왔을 때 그 기쁨은 이루 말할 수 없이 큽니다. 새싹이 나오고부터는 더 많은 사랑과 관심으로 돌봐주어야 합니다. 식물이 자라면서 쓰러지지 않도록 지지대를 이용하여 버팀목을 만들어주고 열매식물인 경우는 열매가 크게 자랄 수 있도록 곁눈도 따줍니다. 수시로 식물을 관찰하며 관리도 해주어야 합니다. 그렇게 얼마 정도의 시간이 지나면 열매가 1~2개씩 열리기 시작합니다. 햇빛과 물과 영양분을 제공해주면 식물이 자라고, 꽃이 피고, 열매가 열린다는 사실을 지식으로 알고 있으면서도 자신이 직접 키워서 열매가 열리는 경험을 할 때면 참 경이롭고 신기하기만 합니다.

식물 키우기 활동에서 씨앗 혹은 모종에서 식물이 열매 맺기까지 매일 꾸준

히 물주기, 식물의 성장 변화를 관찰하면서 그 단계에 맞게 지지대 세우기, 가지치기, 곁눈 따기 등을 해주는 것은 끈기와 책임감, 성실함 등의 자기이해지능을 많이 필요로 합니다. 그리고 식물 키우기 활동을 시작하는 처음에는 누구나 다 잘 키울 것 같지만 2주쯤 지나고 3주째가 되면서부터는 관심이 적어지고 매일 물주는 것도 힘들어집니다. 식물은 조금만 관심을 덜 기울여도 바로 시들거나 죽는 경우가 많습니다. 관심을 갖고 매일 꾸준히 돌봐주는 것이 중요합니다. 따라서 식물 키우기 활동을 통해 우리의 자기이해지능이 높아지는 것입니다.

식물을 키워 본 친구라면 '새싹이 나왔을까?', '언제 꽃이 필까?', '열매는 언제 열리지?' 등을 생각하며 아침이면 빨리 학교 가고 싶고 주말이면 '말라 죽지는 않을까!' 걱정한 경험이 있을 것입니다. 그러면서 식물에 대한 사랑이 커지고 더 열심히 정성스럽게 키우게 됩니다. 그렇게 했을 때 비로소 열매도 열리고 꽃도 핀다는 것을 깨닫게 됩니다. 저절로 우연히 얻어지는 것은 없습니다. 자신이 관심을 기울였기 때문에 노력하였기 때문에 결과도 있고 기쁨도 행복도 있는 것입니다.

다중지능과
동물 키우기 (1) / 병아리 부모 되기 1

　가족의 형태가 핵가족화 되고, 혼자 사는 사람이 많아지면서 애완동물을 키우는 사람들도 많아졌습니다. 그리고 애완동물하면 강아지만을 생각하던 과거와는 달리 거북이, 토끼, 뱀, 장수풍뎅이, 햄스터 등 그 종류도 다양해지고 애완동물을 반려동물이라고 하여 가족처럼 생각하는 사람들도 많아졌습니다. 이처럼 동물은 이제 우리 생활의 한 부분을 차지할 만큼 우리들과 가까워졌다고 할 수 있습니다.

　지금부터 선생님 반 친구들과 함께 했던 병아리 키우기 활동을 소개하고자 합니다. 이 활동의 제목은 '병아리 부모 되기'이며, 자신이 직접 알을 부화시켜 병

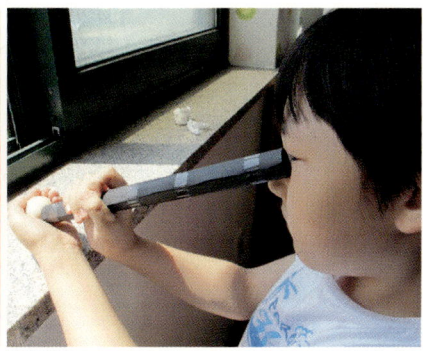

아리가 나오는 것을 관찰하고 동물과 더 친해짐으로써 자연관찰지능뿐만 아니라 부모의 마음과 생명의 소중함을 느끼는 활동입니다.

이 활동을 하기 위해서 인터넷 검색을 통해 부화기와 유정란을 구입하였습니다. 그리고 사전조사 활동을 통해 무정란과 유정란의 차이, 병아리의 부화과정과 성장과정 등에 대해 조사하고 공부하였습니다. 닭이 알을 품은 지 며칠이 지나면 눈이 생기고, 언제쯤 귀가 열리고, 부화가 되는지, 부화가 되어 깨어나면 어떠한 환경에서 지내고, 어떠한 것을 먹어야 하는지 등 부모님께서 우리를 임신하셨을 때 하셨던 것처럼 병아리를 잘 키우기 위한 공부를 하였습니다. 병아리의 부화와 성장과정을 배우고 알게 되면서 병아리를 생각하는 부모로서의 마음도 생겨났습니다. 이렇게 병아리의 부화와 성장 과정을 모둠활동을 통해 공부하고 나서 본격적으로 '병아리 부모 되기' 활동을 시작하였습니다.

먼저 유정란 안에 있는 생명체를 느껴보았습니다. 유정란을 이 모둠에서 저 모둠으로 조심스럽게 옮겨가며 한 명씩 손으로 만져보았습니다. 우리가 평소에 먹던 달걀(무정란)이 아니라 생명체라고 생각하니 달걀을 대하는 몸도 마음도 조심스러워졌습니다. 눈으로 보고, 손으로 만져보면서 겉모습을 관찰하였습니다. 검은색 도화지를 말아서 망원경처럼 만든 간이 현미경으로 내부를 관찰하였습니다. 햇볕이 강한 곳에서 손바닥에 유정란을 올려놓고 간이현미

경으로 들여다보았습니다. 신기하게도 주황빛의 유정란 내부를 볼 수 있었습니다. 유정란이 생명체임을 인식할 수 있는 순간이었습니다. 그리곤 우리 모두가 엄마 배속에 있었을 때 태명이 있었듯이 유정란에도 이름을 지어주기로 하였습니다. 칠판 가득 원하는 이름들을 적고 다수결로 3개의 이름만을 골랐습니다. 우리가 정한 유정란의 이름은 삐약이, 초롱이, 소망이였습니다.

유정란에 네임펜으로 각각의 이름을 적고 유정란을 부화기 안에 넣었습니다. 유정란이 건강하게 잘 부화되길 바라는 간절한 마음을 나누었습니다. 그리고 눈이 생기는 날, 귀가 열리는 날처럼 특징적인 현상이 있는 날에는 부화 과정의 변화를 예상하고 편지, 일기 형식의 병아리 부화일지도 썼습니다. 귀가 열리는 날에는 모두들 발표도 조용한 목소리로 하고 발걸음도 소리 나지 않게 살금살금 걸었습니다. 복도가 너무 시끄럽다며 '조용히 다니세요.'라는 팻말을 써서 붙이기도 하였습니다. 매일 아침 삐약이, 초롱이, 소망이에게 아침인사를 하며 하루를 시작하였고 방과 후 집에 갈 때는 잘 자라는 인사도 잊지 않았습니다. 이런 활동을 통해 동물을 사랑하는 마음과 생명의 소중함을 느끼며 내가 우선이 아닌 다른 생명체를 위한 배려의 마음도 조금씩 커갔습니다. 그 마음이 부모의 마음과 많이 닮았습니다.

12

다중지능과
동물 키우기 (2) / 병아리 부모 되기 2

부모님께서는 우리가 태어나기 전에 옷, 기저귀, 젖병, 아기목욕통 등을 준비하거나 집안 환경을 바꾸는 등 우리를 맞을 준비를 하셨습니다. 우리가 자라면서는 매일 맛있는 식사를 준비해주시고 예쁘고 멋있는 옷도 사주십니다. 또 좋은 집에서 추위 걱정 없이 살 수 있게 해주시고 아플 땐 한숨도 못 주무시면서 간호해주시는 등 우리를 위해 많은 것을 해주십니다. 우리들 또한 병아리 부모이기에 부모님이 우리를 위해서 해주셨던 것처럼 알에서 태어날 병아리를 위해 여러 가지 준비를 하였습니다.

먼저 병아리가 살 집을 마련해주었습니다. 병아리가 살 집은 쉽게 구할 수 있는 종이 상자로 만들었습니다. 그 상자에 병아리들이 숨을 쉴 수 있고 우리들이 관찰할 수 있도록 구멍을 몇 군데 뚫고 상자 바닥에는 따뜻하게 지낼 수 있도록 수건과 신문지를 깔아주었습니다. 그리고 먹이통과 물통도 준비하였습니다. 마지막으로 따뜻한 온도 유지를 위해 백열등을 설치하였습니다. 이렇게 병아리가 살 집이 마련되었습니다.

그리고 우리도 예쁜 집에서 살고 싶은 것처럼 병아리에게도 예쁜 집을 마련해 주고 싶은 우리들의 마음을 담아 병아리 집을 예쁘게 꾸몄습니다. 모둠별

로 박스의 한 면씩을 맡아서 '병아리'를 주제로 시나 편지를 써서 꾸몄습니다. 처음 유정란을 만졌을 때의 느낌, 간이현미경으로 관찰한 내용, 3개의 유정란에 삐약이, 초롱이, 소망이라는 이름을 지어준 일, 매일 아침 부화기에 물을 넣은 일, 하루하루 커가는 병아리의 모습을 생각하며 쉬는 시간에도 조용히 했던 일, 수업시간에 노래도 조용조용 불렀던 일 등의 내용들이 시 안에 모두 담겨져 있었습니다. 이렇게 모두가 태어날 병아리를 위한 집을 정성스레 준비하였습니다. 그리곤 병아리가 태어나면 먹을 음식도 준비하였습니다. 병아리 사료가 따로 있어서 미리 구입한 상태였지만 태어나서 2~3일 동안은 사료보다 더 고운 것(말린 계란노른자 등)을 먹어야 한다는 사실을 병아리에 대해 공부하면서 알게 되었습니다. 그래서 각자 집에서 완숙으로 삶은 계란을 1개씩 가져왔습니다. 일회용 비닐장갑을 끼고 태어날 병아리가 먹기 좋도록 계란노른자를 손으로 으깬 후 교실 뒤쪽 바람이 잘 통하는 곳에 말렸습니다. 병아리가 태어나서 먹을 음식을 만드는 활동이기에 마치 엄마가 아기의 이유식을 준비하듯 모두들 집중하여 정성스럽게 만들었습니다.

이렇게 병아리가 태어날 집과 먹이를 만들면서 삐약이, 초롱이, 소망이가 태어날 날만을 손꼽아 기다렸습니다. 알에서 병아리가 부화하는 날짜는 21일째이지만 병아리도 사람처럼 좀 더 일찍 깨어날 수도 있고 조금 늦게 깨어날 수도 있습니다. 그래서 그런지 20일째부터는 모두들 하교하는 것을 안타까워하였습니다. 자신들이 집에 있는 동안 병아리가 태어나서 부화 순간을 보지 못할까 봐 안절부절못하였습니다. 그래서 부화시기가 다가온 날 아침이면 대부분의 친구들이 교실에 헐레벌떡 뛰어들어와 가방을 멘 채 부화기 안을 들여다보곤 하였습니다. 그리곤 어젯밤에 부화하지 않았음을 다행으로 여기는 안도의 한숨과 '오늘은 깨어날까?' 하는 설렘, '왜 아직도 깨어나지 않는 걸까?' 하는 걱정스러움으로 하루하루를 보냈습니다.

그런데 여러분 그거 아세요? 여러분 부모님께서도 출산예정일이 임박하였을 때 간절한 마음으로 여러분이 태어나기만을 기다렸답니다.

다중지능과
동물 키우기(3) / 병아리 부모 되기 3

13

우리는 21일에 걸쳐 유정란을 돌보고, 병아리가 태어날 집과 먹이 준비로 바쁜 날들을 보냈습니다. 드디어 부화예정일이 되었고, 부모의 마음으로 병아리가 부화하기만을 손꼽아 기다렸습니다. 그러나 부화예정일(21일째)이 되었는데도 유정란에 아무런 변화가 없었습니다. 부화예정일 이후부터는 모두가 하루하루를 간절한 마음으로 병아리가 빨리 부화하기만 바라며 지냈습니다. 그러던 중 부화예정일이 4일이 지난 후에도 유정란에 아무런 변화가 없을 경우는 병아리가 부화할 수 없음을 알게 되었습니다. 모두들 어리둥절해하며 이 사실을 어떻게 받아들여야 할지 몰라 한동안 멍하니 있었습니다. 잠시 후 용수가 "선생님, 진짜 병아리가 안 깨어나는 거예요? 병아리가 있었는지 보고 싶어요."라고 했고, 많은 친구들이 직접 보지 못해서인지 유정란 속 병아리를 확인하고 싶어 했습니다. 그래서 처음 유정란을 관찰했던 방법으로 다시 관찰해 보기로 하였습니다. 한 명씩 부화기 속 유정란을 만져보았습니다. 따뜻한 온기가 느껴져서인지 금방이라도 알에서 병아리가 깨어날 것만 같았습니다. 햇볕에서 간이현미경으로 유정란을 관찰하였습니다. 유정란 내부는 부화시작 전의 주황색 빛은 없어지고, 3분의 1은 투명하고, 3분의 2는 검은색이었습니다. 검은색의 물체가 병아리임을 알 수 있었습니다. 그렇게 간접적으로나마 유정란 안에 병아리가 있고 병아리는 어떤 이유에서인지는 모르겠지만 부화하지 못했다는 것을 모두 확인했습니다. 분위기는 더욱 엄숙해지고 모두 슬픔에 잠겼습니다.

"선생님, 저희가 그동안 너무 떠들었나 봐요. 그래서 병아리가 못 태어나고 죽었나 봐요.", "우리가 좀 더 관심을 가져주지 않고, 더 많이 아껴주지 않아서 그랬나 봐요." 하며 모두들 자신들의 행동을 반성하고, 후회했습니다.

그때 인수가 "선생님, 우리 삐약이, 초롱이, 소망이 묻어줘요." 하였습니다. 인수의 의견에 모두들 "그래요. 선생님", "그렇게 해요."라고 동의하여 삐약이, 초롱이, 소망이를 묻어주기로 하였습니다.

삐약이, 초롱이, 소망이를 묻을 장소를 알아보기 위한 회의를 열었습니다. 운동장, 놀이터, 연못, 동산 등 다양한 의견이 나왔습니다. 그중에서 삐약이, 초롱이, 소망이 무덤은 사람들이 많지 않아서 그것이 파헤쳐지지 않는 곳, 햇볕이 비치는 따뜻한 곳이었으면 좋겠다는 의견들로 모아졌고, 우리는 학교에 있는 '꿈의 동산'에 삐약이, 초롱이, 소망이를 묻어주기로 하였습니다.

유정란 속에 있는 삐약이, 초롱이, 소망이를 화장지로 싸서 종이컵에 잘 넣

었습니다. 그리곤 포스트잇에 삐약이, 초롱이, 소망이에게 하고 싶은 이야기 혹은 마지막 작별 편지를 써서 종이컵에 붙였습니다. 호미를 하나씩 들고 동산으로 향하였습니다. 모둠별로 삐약이, 초롱이, 소망이를 묻어줄 장소를 찾았습니다. 그때 동산 끝쪽에서 소영이가 꽃 한 송이를 가지고 달려왔습니다. 그 모습을 본 친구들은 갑자기 동산 여기저기로 흩어졌습니다. 그리곤 잠시 후 나뭇잎을 들고 오기도 하고, 또 다른 꽃을 가지고 오기도 하였습니다. 영훈이가 손에 있는 것을 들어 보이며 "선생님, 세잎클로버예요. 세잎클로버 꽃말이 행복이래요. 삐약이, 초롱이, 소망이가 태어나지는 못했지만 하늘나라 가서라도 행복했으면 좋겠어요. 이걸 삐약이, 초롱이, 소망이랑 같이 넣어주면 좋겠어요"라고 말했습니다.

　모두가 영훈이 같은 마음이었는지 각자 의미있다고 생각하는 것들을 삐약이, 초롱이, 소망이를 위한 마지막 선물로 가지고 왔습니다. 삐약이, 초롱이, 소망이를 넣은 종이컵 위에 각자 준비한 선물들을 놓았습니다. 그리곤 한 사람씩 흙 한 줌을 떠서 삐약이, 초롱이, 소망이가 묻혀있는 땅 위에 뿌려주고 눈을 감은 후 삐약이, 초롱이, 소망이를 마음에서 떠나보내는 시간을 가졌습니다. 모두들 힘들고, 슬프지만 조금은 마음이 추슬러진 듯하였습니다. 그렇게 장례식을 치른 후 모두들 교실로 향하였는데 철민이, 수완이, 은영이가 그 무덤에 서서는 한 발짝도 움직이지 않았습니다. '병아리 부모 되기' 활동 내내 제일 즐거워하고 좋아하던 친구들이었습니다. 이 친구들은 엄마는 일찍 돌아가시고 아빠는 아파서 병원에 누워계신 친구, 친구들과의 관계에서 많이 힘들어하는 친구, 이해력도 행동도 많이 느려서 학교 활동에 적응이 쉽지 않은 친구

였습니다. 이 친구들 마음속에는 자신들이 받지 못한 사랑과 관심을 대신 채워줄 삐약이, 초롱이, 소망이가 태어나기를 바라는 마음이 다른 친구들보다 더욱 간절하였나 봅니다.

이 활동을 하는 내내 반 친구들 모두 그리고 그 가족들까지도 삐약이, 초롱이, 소망이가 깨어나기를 기다렸습니다. 한 학부모님께서는 "선생님, 그러다가 병아리가 안 깨어나면 어떻게 해요?" 하며 걱정 반, 우려 반으로 말씀하기도 하셨습니다. 결국은 부화하지 못해서 병아리 장례식을 치러주었습니다.

우리가 살면서 좋은 것, 기쁜 것만 경험할 수 없듯이 슬픔과 아픔의 시간이었지만, 그것 또한 우리의 삶입니다. 슬프고 아픈 일이 있을 때 신나고, 즐거운 일로 그 일을 덮고, 잊기보다는 충분히 슬퍼하고, 아파하는 시간을 가지면서 마음을 추스를 때, 그 상처가 잘 아물어지고, 다음에 경험할 기쁨과 행복을 더 감사하고, 충만하게 느낄 수 있습니다.

14

다중지능과
동물 키우기(4) / 병아리 부모 되기 4

　그토록 기다리던 삐약이, 초롱이, 소망이가 깨어나지 않아 실망한 우리들이 지만 마지막까지 병아리들을 사랑하는 마음으로 삐약이, 초롱이, 소망이를 하 늘로 보내주었습니다. 그 후 교실 분위기는 조용하고 가라앉아 있었습니다. 병아리들에게 사랑을 많이 주었기 때문에 모두들 마음으로 많이 아파했습니 다. 그렇게 며칠을 지내면서 우리들은 조금씩 밝고 명랑한 예전의 모습을 되 찾아가고 있었습니다.

　그러던 어느 날 한 학부모님께서 전화를 하셨습니다. "선생님, 승준이가 병 아리가 태어나지 못해서 많이 슬퍼하고 안타까워하는 모습을 보니 안쓰러운 마음이 들어 말씀드립니다. 승준이 삼촌이 양계장을 하고 있습니다. 갓 태어 난 병아리를 반 아이들에게 보내주고 싶은데 괜찮을까요?"

　병아리 장례식을 치러주고 나서 한참이 지난 뒤라 모두에게 희망의 소식이 될 것 같아 감사한 마음으로 병아리를 받기로 하였습니다.

　출근을 하니 3마리의 병아리 소리와 친구들의 흥분된 목소리, 희망과 기쁨 의 분위기가 교실에 가득하였습니다. 병아리의 이름을 지어주기 위해 유정란 에 이름을 지어줄 때처럼 회의를 하였습니다.

"삐약이, 초롱이, 소망이로 해요."

"다른 이름으로 해요."

의견이 두 갈래로 나뉘었습니다. 그래서 자연스럽게 병아리의 이름을 주제로 토론을 하였습니다. 하늘나라로 간 삐약이, 초롱이, 소망이를 대신해서 온 병아리이니까 그 의미를 살려서 삐약이, 초롱이, 소망이로 하자는 의견과 삐약이, 초롱이, 소망이가 하늘나라로 간 것은 슬픈 일이지만 이 병아리는 삐약이, 초롱이, 소망이가 아니라는 의견이 팽팽히 맞섰습니다. 열띤 토론 끝에 우리들은 다른 이름을 지어주는 게 맞다는 결론을 내렸고 이름을 짓기 위해 회의를 하였습니다. 이번에는 병아리의 생김새와 관련된 이름들로 지었는데 '노랑이', '검둥이', '보송이'였습니다.

모두에게 새로운 희망의 날이 시작됐습니다. 삐약이, 초롱이, 소망이를 위해 만들어 두었던 노른자 밥과 집을 노랑이, 검둥이, 보송이에게 주었습니다. 우리가 만든 먹이를 병아리가 먹고 우리가 만든 집에서 병아리가 사는 것을 보며 모두가 흐뭇했습니다. 쉬는 시간이면 병아리 집 주위에 모여서 노랑이, 검둥이, 보송이가 노는 모습을 지켜보았습니다. 병아리들과 함께 공부하는 학교생활이 행복했습니다.

그렇게 화요일, 수요일, 목요일이 지나고 주말이 다가오면서 걱정이 생겼습니다. 우리가 학교에 오지 않는 토요일, 일요일에 병아

리들을 어떻게 할 것인지가 문제였습니다. 먹이를 줄 사람도 없이 병아리들만 학교에 두는 건 위험했습니다. 그래서 토요일, 일요일에는 집에 데려가기로 하였습니다. 주말부모활동을 하는 것이었습니다. 그런데 모두들 자신이 병아리를 데려가겠다고 손을 들었습니다. 그래서 부모님의 동의를 받아오기로 하였습니다. 집의 여건상 어려움이 있을 수 있기 때문에 부모님 동의서를 받아온 친구들 중에서 병아리를 많이 사랑해주고 잘 돌봐줄 수 있는 친구를 추천하여 정하기로 하였습니다. 그 결과 3명의 친구가 그 주의 주말부모활동을 하기로 하였습니다. 그리고 주말부모활동을 하는 친구들은 주말 동안 병아리를 돌보기만 하는 것이 아니라 어떻게 돌보았는지 일기를 써오기로 하였습니다. 주말부모로 뽑힌 3명의 친구들은 금요일 오후 하교하면서 병아리를 한 마리씩 데려갔습니다. 그렇게 주말을 보내고 월요일이 되면 노랑이, 검둥이, 보송이가 부쩍부쩍 자라온 느낌이 들었습니다. 주말부모 역할을 한 친구들도 조금은 더 성장한 것 같이 느껴졌습니다.

삐약이, 초롱이, 소망이를 보낸 아픔이 있었기에 노랑이, 검둥이, 보송이가 더 많이 소중하고 애틋했습니다. 부모가 자녀들을 위해 생활환경, 삶의 방식을 바꾸듯이 친구들도 내가 먼저가 아니라 노랑이, 검둥이, 보송이에 맞춰 생각하고, 행동하고, 자신의 것을 내어주고, 힘든 일을 기꺼이 하면서 참부모의 마음을 조금씩 깨달아갔습니다.

> 제목 : 우리집은 동물원
>
> 노랑이가 삐약 삐약 사랑이가 낑낑
> 울어댄다. 노랑이가 똥싸고 엄마를
> 좋아하고 엄마는 깨물고 사랑이를 내
> 노면 노랑이가 들어가고 노랑이
> 를 내노면 사랑이가 들어가고
> 선생님 전 병아리 키우기가 재
> 미있어요. 전 그중에서 노랑이가 최
> 고에요. 나는 사랑노랑 둘다 같이 계
> 대서 놀고싶읗에

15 다중지능과
숲

최근에 TV 방송이나 신문 등 각종 매체에서 '힐링'이라는 말을 참 많이 사용합니다. 바쁜 일상 속에서 지친 몸과 마음을 잠시 쉬면서 충전하고 싶어 하는 사람들이 많다는 의미이기도 할 것입니다. 스포츠나 영화 감상 등 취미 생활을 하는 것도 몸과 마음을 충전하는 방법의 하나일 수 있습니다. 몸과 마음을 쉬면서 치유하기 위해서 사람들이 가장 많이 애용하는 것 중 하나가 산과 바다, 강과 같은 자연을 찾아가는 것입니다. 자연이 우리에게는 쉼터인 것입니다. 이 장에서는 숲에서의 다중지능 활동을 소개하고자 합니다. 이 활동의 제목은 '숲과 친해지기'이며 숲을 느끼고, 알고, 이해하는 활동입니다.

준비

먼저 아래의 준비물들을 준비합니다.

① 학생 개인 준비물 - 도시락통 2개, 숟가락, 젓가락, 돗자리, 줄자 등
② 교사 준비물 - 큰 플라스틱통 2개, 목공풀, 미리 만든 액자틀, 비타민, 보물
　　찾기 쪽지, 청진기, 양면테이프, 가위 등

과정

① 집에서 가져온 빈 도시락통을 들고 급식소에 가서 밥과 반찬을 배식받습니다.

② 수업시간에 만든 선글라스를 쓰고, 도시락통 2개, 숟가락, 젓가락, 돗자리를 챙겨 숲에 갑니다.

③ 돗자리를 깔고 하늘을 봅니다. 하늘의 색깔과 모양도 보고, 구름의 모양과 움직임도 보고, 바람도 느껴보고, 하늘을 자유롭게 날아다니는 새들도 봅니다.

④ 숲을 돌아다니며, 풀과 꽃과 나무들을 관찰합니다.

⑤ 풀잎으로 액자를 만듭니다(사전에 두꺼운 도화지로 액자틀을 만들어 준비해둡니다).

⑥ 풀잎액자로 사진 찍기 놀이를 합니다.

⑦ 숲 속을 돌아다니며 맘에 드는 나무를 고릅니다. 그곳에 내 이름표를 붙입니다. 그리고 왜 이 나무가 마음에 드는지에 대해 이야기합니다(이름표는 사전에 미리 만들어 와도 되고, 숲 속에서 직접 만들어도 됩니다).

⑧ 나의 나무에 대해 알아봅니다. 둘레도 재어보고, 나뭇잎도 관찰하고, 청진기로 나무가 내는 소리도 들어봅니다.

⑨ 보물찾기를 합니다.

⑩ 준비해온 도시락을 먹습니다.

　　다중지능 활동의 하나로 '숲과 친해지기' 활동을 했습니다. 먼저 1주일 전쯤 숲에서의 다중지능 활동을 할 장소를 알아보았습니다. 그리고 소풍 가는 것처럼 점심메뉴가 비빔밥인 날을 택하여 '숲과 친해지기' 활동을 하였습니다. 친구들은 비빔밥과 국을 넣을 통(내용물이 잘 쏟아지지 않는 통) 2개, 숟가락, 젓가락, 물을 준비해왔습니다(통만 가지고 오는 거라 학부모님께도 부담이 되지 않고 좋음). 선생님은 큰 통 2개 정도를 준비하여 비빔밥과 같이 나온 과일과 핫도그 등을 넣었습니다. 11시경 점심식사 준비가 다 되었을 때 급식소에 가서 밥과 국을 친구들이 가지고 온 통에 담았습니다(사전에 영양사 선생님과 조율이 되면 더 좋음). 그리고 교실에 와서 숲으로 소풍 갈 준비를 하였습니다. 즐거운 생활시간에 만든 선글라스로 소풍의 분위기를 한껏 냈습니다. 모두들 신이 났습니다. 다른 학년 언니, 오빠들은 "너희들, 어디 가니?" 하며 부러운 듯 물었습니다. 친구들은 "우리 숲으로 소풍 가요." 하며 신이 났습니다.

숲에 도착하여 먼저 돗자리를 펴고 자리를 잡았습니다. 모두 돗자리에 누워 하늘도 보고, 우리가 늘 익숙하던 시선이 아닌 다른 각도에서 나무도 보고, 숲도 보았습니다. 눈을 감고 숲의 소리도 들어보았습니다. 그렇게 있으니 평화롭고, 여유로웠습니다.

　두 번째, 풀잎액자 만들기 활동을 하였습니다. 먼저 숲의 이곳저곳을 돌아다
니며 숲에 어떤 풀과 나무들이 있는지 살펴보았습니다. 그러고 나서 맘에 드는
꽃과 풀을 준비하였습니다. 교실에서 미리 두꺼운 도화지로 만들어온 액자틀
에 목공풀을 이용하여 풀과 꽃 등을 붙이니 근사한 풀잎액자가 됐습니다. 액자
에 사진도 넣어보았습니다. 자신의 얼굴에 대어보기도 하고, 친구 얼굴을 대어
보기도 하고, 주변의 사물, 풍경들을 액자에 담아보았습니다. 사진을 넣은 근
사한 액자가 되었습니다. "찰칵찰칵" 풍경과 사물들을 대어볼 때마다 친구들
은 셔터소리를 내었습니다. 숲의 모든 것을 이 액자에 넣을 수 있었습니다.

　세 번째, 나의 나무 정하기 활동을 하였습니다. 숲에 있는 나무들 중에 맘에 드는 나무 한 그루를 정하고 그 나무에 미리 만들어 온 캐릭터 이름표를 붙여주었습니다. 그리고 친구들에게 자신의 나무를 소개하고, 자신의 나무로 정하게 된 이유도 이야기하였습니다. 미리 준비해 온 줄자로 나무 둘레를 재어보기도 하고, 나무 표면을 만져보기도 하고, 나뭇잎을 관찰하기도 하면서 자신의 나무에 대해 알아보고, 나무와 친해지는 활동을 하였습니다. 준비해간 청진기로 나무의 소리도 들어보았습니다. 어떤 친구는 수액이 흐르는 소리가 들리는 것 같다고 이야기하기도 하고, 어떤 친구는 아무 소리 안 난다고 하기도 하였습니다. 청진기로 수액이 흐르는 소리를 들으면 나무가 정말 살아 있는 생명체임을 실감할 수 있습니다. 천방지축 1학년이지만 이 순간만큼은 모두들 나무에서 나는 소리 하나 놓칠세라 집중하고, 진지한 모습들이었습니다.

　네 번째, 보물찾기 활동을 하였습니다. 친구들이 앞의 활동을 하는 동안 "사랑해"라는 글을 쓴 쪽지를 숲 속 곳곳에 숨겨 놓았습니다. "여러분, 이번 시간에는 보물찾기를 할 거예요." 하는 순간 모두들 환호성을 질렀습니다. 숲 속 곳곳을 돌아다니며 쪽지를 찾았습니다. 쪽지는 1개만 가질 수 있다고 하였습니다. 그랬더니 2개, 3개를 찾은 친구들은 1개를 제외하고 자신에게 필요 없음을 알아서인지 쪽지를 찾지 못하고 있는 친구들에게 나누어 주었습니다. 참 자연스럽고 따뜻한 모습이었습니다. 반 전체가 쪽지를 다 찾을 때쯤 쪽지를 찾은 사람은 선생님 앞에 한 줄로 섰습니다. 상품은 비타민 1개였습니다. 모두들 비타민을 상품으로 받고는 좋다고 하였습니다. 다음날 성민이가 쓴 일기장엔 "보물찾기를 해서 비타민을 받은 게 제일 좋았다."라고 쓰여 있었습니다. 작은 것 하나에도 행복한 우리들입니다.

마지막은 즐거운 점심시간입니다. 모두들 비빔밥을 넣은 통을 노래를 부르며 춤을 추듯이 마구 흔들었습니다. 잘 비벼진 비빔밥과 국을 숲 속에서 먹었습니다. 공기 좋은 숲에서 도시락을 먹으니 그 맛이 '꿀맛'이었습니다.

　모두들 "선생님, 우리 다음에 또 소풍와요." 하였습니다.

　핸드폰이 없어도 우리들은 신나게 놀았습니다. 그렇게 숲에서 놀면서 조금씩 조금씩 우리들도 숲을 닮아갔습니다.

16 다중지능과 여름방학

방학이란 학교에서 학기나 학년이 끝난 뒤 또는 더위나 추위를 피하기 위하여 여름이나 겨울에 수업을 일정 기간 동안 쉬는 것을 말합니다. 방학 동안에 우리는 잠시 쉼을 가집니다. 학교에 다닐 때보다 시간적으로 여유를 가질 수 있어서 자신이 관심 있어 하는 분야에 대해 좀 더 깊게 탐구해보고 체험해보는 등 그 분야에 흠뻑 빠질 수 있는 좋은 기회가 되기도 합니다. 즉 자신의 관심분야나 강점지능과 관련된 내용에 대해 집중적으로 알아보는 시간을 가질 수 있습니다.

그러한 것들 중에서 대표적으로 프로젝트 활동을 들 수 있습니다. 프로젝트의 방법으로 먼저 자신의 강점지능과 관련된 활동을 계획할 수 있습니다. 자신의 강점지능이 자연관찰지능이라면 가족들과 여행하면서 자연사박물관, 곤충박물관 등을 관람하기도하고, 곤충 채집, 동·식물 기르기 등 강점지능 활동을 방학숙제의 선택 과제로 정해서 하는 것입니다. 강점지능 활동 영역들 중에서도 자신이 어떤 활동을 할 때 더 즐겁고, 흥미로운지 살피면서 관심영역을 좁혀나가는 것도 좋습니다. 자연관찰지능에는 생물, 우주, 화학, 물리 등의 여러 분야가 있고, 또 그 분야들의 하위영역들이 많이 있습니다. 다양한 자

연관찰지능 활동을 하면서 그중에서 자신이 가장 잘하고, 좋아하는 것이 무엇인지를 알아보는 것입니다.

다른 활동으로는 방법적인 면을 다중지능적 방법으로 활용하는 것이 있습니다. 예를 들면 '비행기'에 대해 알고 싶다고 할 때, 비행기에 대해 인터넷과 책을 통해 비행기의 역사, 관련 인물 등 다양한 내용을 알아보고(언어지능), 비행기 관련 박물관과 체험관을 검색하여 그곳을 다녀오는 것입니다(신체운동지능). 그리고 비행기 관련 모형을 조립해보기도 하는(공간지능, 논리수학지능) 등 비행기를 주제로 8가지 지능(언어지능, 논리수학지능, 공간지능, 신체운동지능, 음악지능, 대인관계지능, 자기이해지능, 자연관찰지능)으로 접근하는 것입니다. 그렇게 하면 그 주제에 대해 좀 더 깊이 알게 되고, 활동 또한 즐거울 수 있습니다. 하지만 모든 주제를 8가지 지능 활동으로 접근하기에는 어려움이 있을 수 있습니다. 그럴 때에는 4가지 지능 활동 이상으로 접근해보길 권합니다. 이때에는 자신의 강점지능 활동들만을 선택하기보다는 한 가지나 두 가지 정도는 자신의 약점지능 활동도 해보기를 권합니다.

이렇듯 여러 가지를 폭넓게 알고 할 줄 아는 것도 중요하지만, 무엇 하나에 집중하고, 그것을 하기 위해 충분히 시간을 갖고 해보는 것, 그리고 그것을 마무리하는 능력 또한 중요합니다. 하고자 하는 것을 계획해서 하다 보면 실패도 하게 되고 그럼 다시 생각하고 계획하고 다시 또 해보고 또 수정하고……. 이러기를 수차례 반복할 수 있습니다. 괜찮습니다. 누구나 어떤 것을 만들어내거나 문제를 해결하고자 할 때 이러한 과정을 거칩니다. 언제나 모든 일을 잘해내시는 여러분의 아버지도, 모르는 문제를 척척 알려주시는 여러분의 선생님도 똑같이 이러한 과정을 겪습니다. 단지, 여러분과 다른 점이 있다면 이러한 시행착오의 과정을 적게 겪는다는 것입니다. 어떤 사람은 한 번 만에, 어떤 사람은 다섯 번 만에, 또 어떤 사람은 열 번 만에 끝냅니다. 어떤 사람은 끝내지 못할 수도 있습니다. 중요한 것은 횟수가 아니라 끝냈다는 것, 마무리했다는 것입니다. 마무리하기까지의 공부했던 내용들, 시행착오 과정에서의 모든 경험들은 온전히 자신의 것입니다. 그것이 참 배움입니다. 그러고 나서 다음에 어떤 것을 하게 되면 지난번보다 더 적게 시행착오를 거쳐서 마무리할 수 있습니다. 그러면서 나아지는 것입니다. 어른들은 그 과정을 여러 번 겪었기 때문에 한 번에 해결할 수 있는 것일 뿐입니다.

방학은 이러한 참 배움의 과정을 경험하기에 아주 좋은 기간입니다.

이야기 셋

2학기를
살아가며

17 다중지능과
프로젝트 활동 (1) / 부지런한 농부 되기–모심기

봄꽃나무들의 꽃들이 지고 나니 연초록이던 나뭇잎들이 짙은 초록색으로 변합니다. 들판에는 상추, 파, 고추 등의 밭작물이 자라고 논에는 어느새 논물이 채워지고 모들이 심어졌습니다. 이 장에서는 여러 가지 작물 중 '모'에 대한 이야기를 하고자 합니다. 우리가 직접 모내기를 하고 벼가 되어가는 과정을 관찰하면서 농부가 되어 보는 것입니다.

준비

먼저 아래의 준비물들을 준비합니다.

① 모: 주변의 농사짓는 분께 얻거나 살 수 있습니다. 종묘사에서 구입할 수도 있습니다(한 판에 3,000원 정도).
② 흙: 되도록 모래가 섞이지 않은 흙을 사용하고, 학교의 화단에 있는 흙을 사용해도 됩니다.
③ 1.5리터 페트병(투명): 병의 2/3되는 지점을 잘라 아랫부분은 모를 심는 통으로 사용하고, 윗부분은 물컵으로 사용합니다.

모심기 과정

① 미리 잘라놓은 3분의 2가 되는 페트병에 흙을 반쯤 넣습니다.

② 물을 흙보다 많이 넣습니다.

③ 뿌리 5~8개 정도를 분리해 놓은 모를 나누어 가집니다.

④ 모 뿌리를 잡고 흙 속에 깊숙이 심습니다.

⑤ 햇볕과 바람이 좋은 창가에 둡니다.

⑥ 매일매일 물을 줍니다(고여 있는 물은 좋지 않으므로 기존의 물을 버리고 다시 새 물로 갈아줍니다).

우리나라 대부분의 지역은 근교에서 논을 쉽게 볼 수 있습니다. 주변을 살펴보면 의외로 농사짓는 집을 어렵지 않게 찾을 수 있습니다. 부모님이 직접 논농사를 짓는 경우도 있고, 가까운 친척들 중에 논농사를 짓는 경우도 있습니다. 5월 말경이나 6월 초가 되면 모내기를 하고 남은 모를 논에 그냥 놓아두는 경우가 많습니다. 그런 모를 구해서 모심기 활동을 하면 좋습니다. 그것이 어려우면 종묘사에서 살 수도 있습니다.

먼저 친구들이 '모'라는 것을 실제로 가까이에서 본 경우가 많지 않으므로 모의 생김새를 관찰해보았습니다. 친구들 대부분이 "선생님, 꼭 풀 같아요." 하며 신

기해하였습니다. 모의 뿌리들이 단단하게 얽혀있는 것이 인상적이라는 친구도 있었습니다. 농부가 모를 심기 위해서 먼저 논을 갈고 논에 물을 댄 것처럼 페트병에 흙을 반쯤 담고 물을 넣었습니다. 물과 흙이 섞이지 않아 잘 섞일 수 있도록 손을 넣어 통의 바닥까지 물이 스며들 수 있도록 흙을 뒤적거렸습니다.

"선생님, 손이 더러워져요."

"으읙! 느낌이 이상해요."

자신의 손이 더러워지는 것을 힘들어하는 친구들도 있었습니다. "얘들아, 괜찮아! 손은 나중에 깨끗이 씻으면 돼." 하며 교사인 내가 먼저 흙 속에 손을 넣고 주무르자 모두들 금지된 행동을 해도 된다는 허락을 받은 것처럼 신나서 따라 했습니다. 어느 정도 흙이 가라앉기를 기다린 다음 모를 심었습니다. "선생님, 모가 안 들어가요.", "저도요." 하며 어찌할 바를 몰라 하는 친구들도 있었습니다. 모의 뿌리부분에 잔털이 많이 엉켜있어서 심는 것이 어려웠던 것입니다. 그래서 모 심을 곳을 손가락으로 홈을 파듯이 파고 모를 넣는 방법으로 심었더니 조금 수월하였습니다. 그리고 심은 날짜를 쓰고, 이름도 지어주고, 주인으로서 하고 싶은 말도 적은 이름표를 페트병에 붙였습니다. 페트병을 햇볕이 잘 들고 바람이 잘 통하는 창가에 두었습니다. 매일 아침 페트병의 윗부분을 이용해 물을 주었습니다. 매일매일의 작은 정성들이 모여 모를 키우는 것입니다. 우리가 열심히 노력한 만큼 성장하듯이 식물도 정성을 들인 만큼 자란답니다.

18 다중지능과
프로젝트 활동 (2) / 부지런한 농부 되기–추수하기

　우리가 직접 심은 모에 매일 아침 물을 주고 정성껏 키우다 보니 초록색 모가 점점 자라서 어느새 벼가 되었습니다. 꽃도 피고, 열매도 맺혔습니다. 시간이 지나 초록색 열매가 더 커지고 더 딱딱해지면서 쌀알이 되었을 즈음 여름방학을 맞이하였습니다. 벼뿐만 아니라 모든 식물을 키움에 있어 가장 어려운 시기가 방학입니다. 교실에서 키우던 식물을 집에 가져가게 되면 학교에서 키울 때보다 더 많은 관심과 책임이 따릅니다. '벼'의 경우도 마찬가지입니다. 아파트의 경우는 베란다, 주택의 경우는 마당과 같이 햇볕이 잘 들고 바람이 잘 통하는 곳에 놓아두면 됩니다. 단, 마르지 않게 물을 주는 것이 중요합니다. 가족들에게 맡기기보다는 주인의식을 갖고 자신이 직접 물을 주는 것이 좋고 물을 주는 시간을 정해두면 좀 더 규칙적으로 줄 수 있습니다.

　개학날이 되어 대부분의 친구들이 방학 동안 키운 벼를 학교에 가지고 왔습니다. 아주 잘 키운 벼를 가져오기도 하고 비실비실 쓰러지기 직전인 벼를 가져오기도 하고 아무것도 가져오지 못한 경우도 있었습니다. 방학 동안 어떻게 벼를 키웠는지 어쩌다가 벼가 죽게 되었는지 등의 이야기를 나누었습니다. 상희가 "선생님, 은철이 벼는 약간 이상해요." 하며 의아한 표정을 지었습니다.

옆에 있던 친구들도 "선생님, 은철이 벼는 너무 튼튼하고 커요.", "어떻게 저렇게 클 수가 있죠?" 하며 거듭니다. 은철이는 아무 말도 못 하고 얼굴이 빨개졌습니다. 벼를 키우다가 죽어서 논에 있던 벼를 페트병에 담아 왔던 것입니다. 그래서 "열심히 잘 키우면 그렇게 되는 거야." 하며 이야기를 마무리하고 은근슬쩍 다른 이야기로 넘어갔습니다. 잘 키우고 싶었는데 그게 잘 안 되어서 속상한 마음, 친구들은 모두 가지고 올 텐데 자기만 벼를 못 가지고 왔다는 창피함, 친구들과 똑같이 했다고 하고 싶은 마음 등이 은철이의 솔직한 마음이었을 것입니다. 그 마음을 알기에 논에서 벼를 뽑아온 은철이를 나무라기보다는 그 마음을 덮어주었습니다. 은철이도 그 마음을 아는지 좋아라하였습니다.

시간이 지나면서 벼는 어느새 자라 누렇게 변하고 속담처럼 고개를 숙였습니다. 딱딱해진 쌀알도 만져졌습니다. 이 시기부터 추수할 때까지는 벼를 키

우기가 조금은 수월합니다. 모가 한창 자랄 때 보다 물을 덜 줘도 되니까요. 하지만 물을 적게 준다고 관심을 가지지 않아도 되는 것은 아닙니다. 물은 덜 주되 그만큼의 사랑을 더 주어야겠죠. 10월 즈음 추수 날을 정하였습니다. 이날은 벼도 베고, 탈곡도 하고, 쌀로 밥도 지어먹는 날입니다. 벼 베는 기계의 변천사도 공부하고, 짚으로 만든 생활도구에 대한 공부도 하였습니다. 그리곤 벼 베기를 시작하였습니다. "선생님, 저희는 낫이 없어요.", "저는 낫을 사용할 줄 몰라요." 하며 걱정스러워하는 친구들에게 "얘들아, 우리는 가위로 벼 베기 할 거야." 했더니 모두들 안도의 한숨을 쉬었습니다. 친구들은 한 손으로는 벼 줄기를 잡고 다른 한 손으로는 가위로 벼 줄기를 자르되 최대한 밑동 가까이 잘랐습니다. 벼 줄기가 길어야 생활도구를 만들 때 유용했음을 공부했기 때문입니다. 그리곤 쌀알이 실제로 있는지 확인하였습니다. 손톱으로 쌀 껍질을 벗겼습니다. 왕겨 안의 누런색 쌀알을 보며 "신기하다.", "쌀알이 있을 거라고 예상은 했지만 눈으로 보니 더 신기해요.", "채소의 열매랑은 다른 느낌이에요." 라며 모두들 한마디씩 하였습니다. 기계로 찧어 마트에서 파는 쌀과 손톱으로 벗긴 쌀을 비교해보았습니다. "선생님, 기계로 찧은 쌀은 하얗고 예뻐요.", "왜 우리가 키운 쌀은 누렇죠?" 우리가 보통 현미라고 부르는 쌀이 지금 우리가 손톱으로 벗긴 쌀이라는 사실과 함께 쌀에 대한 이야기를 나누었습니다. 그리곤

마트에서 산 쌀과 키운 쌀을 섞어 쌀을 씻었습니다. 쌀 씻는 방법, 밥 짓는 방법 등은 미리 부모님께 알아왔습니다. 집에서 한두 번이라도 밥을 지어본 친구들은 손놀림이 달랐습니다. 모두들 자신이 직접 농사를 지어 추수를 한 것이기 때문에 쌀알 하나 흘려보내지 않고 야무지게 씻었습니다. 깨끗이 씻은 후에는 교실에서 냄비 밥을 지었습니다. 밥이 지어지는 동안에는 벼를 관찰하여 세밀화 그리기 활동도 하고, 모둠별로 벼농사의 변천사, 쌀로 만든 음식, 세계 여러 나라의 쌀 음식문화 등에 대한 사전 조사활동을 통해 모둠 신문 만들기 활동을 하기도 하였습니다. 열심히 활동하다 보니 어느새 밥 냄새가 솔솔 났습니다. "선생님, 밥 냄새가 나요.", "밥이 되나 봐요." 매일 밥을 먹고 사는데도 친구들은 밥 냄새를 느낀 적이 없었던 것입니다. 자신들이 지은 밥이라서 더 잘 느꼈는지도 모르겠습니다. 모두들 자신이 직접 농사지은 쌀이 밥이 된다는 사실에 설렜고, 유리 덮개의 냄비 밥에서 거품이 나는 것도 신기해했습니다. 드디어 첫 번째 모둠의 밥이 지어졌습니다. 덮개를 열자 밥 냄새와 함께 김이 났습니다. "와아~" 하며 환호성을 질렀습니다. 주걱으로 밥을 솟구고 한 주걱씩 밥을 떠 주걱 채로 먹었습니다. "나도", "나도 한 입만", "선생님, 밥이 정말 맛있어요." 그때 우리는 밥맛을 처음 안 사람처럼 신기해하며 밥을 먹었습니다. 우리는 밥이 달고, 구수하고, 쫀득쫀득하다는 것을 처음 알았던 것 같습니다.

농부가 처음 수확한 쌀로 밥을 지어먹었을 때의 느낌일 것입니다. 우리가 농부가 되어 6~7개월 동안 정성 들여 직접 키웠기에 그 밥이 더 달고 맛있었습니다. 그날의 밥맛은 우리들의 기억 속에 오래오래 행복함으로 남아있습니다.

19 다중지능과 독서

흔히 가을을 '독서의 계절'이라고 합니다. 그래서인지 가을이 되면 지역 단체나 학교에서도 책 축제를 비롯한 독서 관련 행사를 많이 하고, 책 읽는 사람들도 많이 보게 됩니다. 여러분들은 독서를 즐겨하나요? 선생님 반 지영이는 어떤 책을 읽어야 할지 몰라서 독서가 어렵게 느껴진다고 하네요. 읽을 책을 고른다는 것이 쉽지만은 않은 일입니다. 사람들이 보통 책을 고르는 기준은 자신의 관심분야이거나 베스트셀러인 것, 혹은 제목이나 표지가 마음에 드는 것 등이라고 합니다. 이러한 방법은 체계적이지 않고, 단편적이며, 일시적인 경우가 많아서 자신에게 얼마나 도움이 되는지 알 수 없습니다. 또한 자신에게 꼭 필요한 것인지도 알 수 없고, 깨달음, 배움, 감동 등을 느끼기도 힘듭니다. 그래서 여러 가지 다양한 방법으로 책을 고르기도 합니다. 재미있게 책 고르는 방법 몇 가지만 소개하겠습니다.

먼저 도서분류번호에 따라 책 고르기입니다. 000번대부터 900번대까지 책을 요일별로 나누어 읽는 것입니다. 도서분류번호에 따른 책의 구분을 보면, 000번대는 총류, 100번대는 철학, 심리학, 윤리학, 200번대는 종교, 300번대는 사회과학, 400번대는 자연과학, 500번대는 기술과학, 600번대는 예술, 700

번대는 언어, 800번대는 문학, 900번대는 역사, 지리, 관광입니다. 월요일에는 000, 100번대, 화요일에는 200, 300번대, 수요일에는 400, 500번대, 목요일에는 600, 700번대, 금요일에는 800, 900번대처럼 책을 읽는 것입니다. 또는 000, 900번대를 묶고, 100, 800번대를 묶는 것과 같이 자기만의 방법으로 매번 다른 분류번호의 책을 읽는 것입니다. 이 방법으로 다양한 종류의 책을 접할 수 있습니다.

다음으로 제목 끝말잇기로 책 고르기입니다. 집이나 학교에 있는 책들이 제한적이다 보니 늘 보던 책만 보게 되곤 합니다. 이럴 때 책 제목의 마지막 글자를 끝말잇기 하여 다음에 읽을 책을 선택하면 재미있습니다. 『괜찮아』, 『아무도 모를 거야 내가 누군지』, 『지렁이가 흙 똥을 누었어』, 『어린왕자』, 『자린고비 이야기』, 『기분을 말해봐』와 같이 이어서 읽는 방법입니다. 끝말에 해당하는 글자로 시작하는 책 이름을 찾다 보면 우리 집에 혹은 학교에 어떤 책들이 있는지 알게 됨과 동시에 미처 읽지 못했던 책 중에서 보석 같은 책을 찾을 수 있습니다.

그리고 한 작가를 정해 그 작가의 책을 모두 찾아 읽기입니다. 이 방법의 경우는 재미있게 읽은 책의 작가를 정하여 시작해보는 것이 좋습니다. 첫 번째 책을 재미있게 읽었기 때문에 그 작가가 쓴 다른 책도 재미있을 수 있기 때문입니다.

위에 소개한 방법들은 모두 독서 편식을 없애주고 폭넓은 사고력을 기를 수 있는 방법들입니다. 하지만 이보다 더 유익하고 자신에게 맞는 책을 고를 수 있는 방법들이 있다면 더욱 좋겠죠? 그러한 방법의 하나로 주제별 독서방법을 추천합니다. 다중지능을 독서와 결합하는 방법입니다. 자신의 강점지능과 관련된 관심분야의 책을 읽는 것이 중요합니다. 만약 자신의 강점지능이 자연관

찰지능이라면 자연관찰지능과 관련된 책들을 다양하게 읽습니다. 그중에서 특히 더 관심 가는 주제가 있다면 그것에 집중해도 좋습니다. 만약 고슴도치에 대해 관심이 많다면 고슴도치와 관련된 백과사전, 문학, 동물도감 등 다양한 종류를 검색하여 읽는 것이 좋습니다. 주제 중심의 독서를 통해 책의 내용들이 연계성 있도록 하는 것이 중요합니다. 2주일도 좋고 한 달도 좋습니다. 고슴도치에 대해 푹 빠져 살아보는 것입니다. 고슴도치와 관련된 책을 읽고 나면 더 알고 싶은 내용이 생기고 그 알고 싶은 내용을 읽다 보면 또 다른 주제가 궁금해집니다. 그러면서 사고가 확장되는 것입니다. 유념해야 할 것은 읽는 것만으로 끝나서는 안 된다는 것입니다. 읽은 내용들을 정리해놓는 것이 중요합니다. 읽음으로써 알게 된 것, 느낀 것 등을 자신만의 언어로 다시 정리하고 재해석하는 과정을 거쳐야만 그것들이 온전히 자신의 것이 될 수 있습니다.

그리고 앞서 이야기했듯이 자신의 강점지능뿐만 아니라 대인관계지능, 자기이해지능의 책들은 관심분야가 아니더라도 항상 가까이 두며 읽는 것이 좋습니다. 이 두 분야의 책들을 통해 우리의 마음을 더욱더 크고 깊게 성장시킬 수 있을 테니까요. 힘든 일이 있을 때 친구나 부모님이 힘이 되어주기도 하지만 한 권의 책이 친구와 부모님의 역할을 대신해줄 때도 있습니다. 독서를 통해 나만 이렇게 힘든 것이 아니라는 것, 누구나 힘든 과정을 겪는다는 사실을 깨닫는 순간 그 힘겨움은 더 이상 힘겨움이 아니고 자신의 꿈을 이루어 가는 과정으로 다가올 것입니다. 여러분의 강점지능을 활용한 주제별 독서하기는 여러분 앞에 놓인 그 힘겨움을 넘어 자신의 꿈에 한 걸음 다가갈 수 있는 디딤돌이 되어 줄 것입니다.

| 항상 옆에 있으면 좋은 자기이해지능과 대인관계지능 관련 도서목록 |

다중지능	책 이름	지은이	출판사
자기 이해 지능	박지성, 11살의 꿈 세계를 향한 도전	이채윤	스코프
	박지성처럼 꿈꿔라	전채연	김영사
	하얀 스케이트	박비소리	리틀씨앤톡
	호기심소년 안철수 창의적 리더가 되다	전병호	청어람미디어
	호기심대장 안철수	김옥림	문이당어린이
	세상을 바꾼 상상력 스티브잡스	신현신	문이당어린이
	어린이를 위한 꿈꾸는 다락방	이지성	국일아이
	어린이 마시멜로 이야기	호아킴 데 포사다	한국경제신문사
	칠판 앞에 나가기 싫어	다니엘 포세트	비룡소
	리디아의 정원	사라 스튜어트	시공주니어
	깃털 없는 기러기 보르카	존 버닝햄	비룡소
	내 마음의 선물	오토다케 히로타다	창해
	미운 돌멩이	어린이도서 연구회	오늘

	쌀뱅이를 아시나요	김향이	파랑새어린이
자기 이해 지능	우리 누나	오카 슈조/김난주	웅진닷컴
	마음이 아플까봐	올리버 제퍼스	아름다운 사람들
	행복한 청소부	모니카 페트/ 김경연	풀빛
대인 관계 지능	마법의 설탕 두 조각	미하엘 엔데	한길사
	세상에서 제일 힘센 수탉	이호백	재미마주
	당나귀 실베스터와 요술조약돌	윌리엄 스타이그	비룡소
	들키고 싶은 비밀	황선미	창작과 비평사
	나보다 작은 형	임정진	푸른숲
	내게는 소리를 듣지 못하는 여동생이 있습니다.	J. W. 피터슨	히말라야
	나는 싸기 대장의 형님	조성자	시공주니어
	우리아빠는 내 친구	노경실	시공주니어
	내 동생 아영이	김중미	창작과 비평사
	너는 특별해	조운 링가드	베틀북
	짜장 짬뽕 탕수육	김영주	재미마주
	가방 들어주는 아이	고정욱	사계절
	까막눈 삼디기	원유순	웅진닷컴
	내 짝꿍 최영대	채인선	재미마주
	초대받은 아이들	황선미	웅진닷컴
	고맙습니다, 선생님	패트리샤 폴라코	아이세움
	우리 선생님이 최고야	케빈 헹크스	비룡소
	너 그거 이리내놔!	티에리 르냉	비룡소
	곱슬머리 내 짝꿍	조성자	푸른나무
	개구리와 두꺼비는 친구	아놀드 로벨	비룡소
	새 친구가 이사왔어요.	레아 골드버그	중앙
	나무가 자라는 물고기	김혜리	사계절
	아모스와 보리스	윌리엄 스타이그	시공사

　요즘에는 전국적으로 다양한 형태의 지역축제가 많이 열립니다. 그런데 많은 사람들이 지역축제를 찾아가거나 유명한 곳을 여행할 때 주변 사람들의 체험담이나 TV, 신문에서 보도된 곳을 참고한다고 합니다. 실제로 선생님 반 민지네 가족도 신문에 실린 축제 기사를 보고 가족들과 함께 원주 한지테마파크를 다녀왔다고 합니다. 그곳에서 한지 필통을 만들었다며 보여주기도 하였습니다. 가족과 함께 여행을 가거나 체험학습을 갈 때 우연히 알게 된 곳이나 유명한 곳을 가보는 것도 즐거울 수 있지만 자신의 꿈과 관련지어 간다면 그곳에서의 경험이 더 의미 있을 것이라고 생각합니다. 자신의 꿈을 이루기 위해서는 자신의 제1 강점지능과 대인관계지능, 자기이해지능이 반드시 필요하며, 제2, 3의 강점지능 또한 직업을 갖는 데 많은 영향을 준다고 하였습니다. 그러므로 자신의 강점지능과 관련된 장소로 여행이나 체험학습을 가기를 권합니다.

　다음의 표는 각각의 지능영역에 해당되는 체험학습 장소들입니다. 표를 보면서 다중지능 영역들과 현장학습 장소의 관계를 살펴봅시다. 그리고 자신이 살고 있는 지역의 현장학습 장소도 다중지능과 관련지어 생각해봅시다.

| 다중지능과 현장학습 장소 |

지능 영역	박물관 위주로 살펴본 현장학습 장소
언어 지능	만해문학박물관(강원 인제), 김유정문학관(강원 춘천), 세종대왕 기념관(서울 동대문), 한국한글박물관(충북 충주), 디지털한글박물관(서울 강서), 산돌커뮤니케이션(경기 파주), 잔아문학박물관(경기 양평), 미당문학관(전북 고창), 조병화문학관(경기도 안성), 박두진문학관(경기도 안성) 등
논리 수학 지능	퍼즐파빌리온(경기 파주), 수학문화원(경기 남양주), 재미난박물관(인천 중구) 등
공간 지능	동강사진박물관(강원 영월), 춘천애니메이션박물관(강원 춘천), 방산자기박물관(강원 양구), 조선민화박물관(강원 영월), 한지테마파크(강원 원주), 고판화박물관(강원 원주), 울트라건축박물관(서울 양천), 한국만화박물관(경기 부천) 등
신체 운동 지능	승마체험장(강원 속초), 속초 카누장(강원 속초), 사이클경기장(강원 양양), 스키장(전국), 서울올림픽기념관(서울 송파), 한국체육박물관(서울 노원), 마사박물관(경기도 과천) 등
음악 지능	악기박물관(강원 영월), 에디슨박물관(강원 강릉), 프라움악기박물관(경기 남양주), 세계민속악기박물관(경기 파주), 국립국악박물관(서울 서초), 경주오르골소리박물관(경북 경주) 등
대인 관계 지능	소금강오토캠핑장(강릉 연곡), 송지호 오토캠핑장(강원 고성), 망상오토캠핑리조트(강원 동해), 리버힐즈오토캠핑장(강원 영월), 구룡자동차야영장(강원 원주), 치악산 대곡야영장(강원 원주), 치악산 자연휴양림(강원 원주), 백담오토캠프촌(강원 인제), 집다리골 자연휴양림(강원 춘천), 뚜버기느루올캠핑장(강원 철원), 솔섬오토캠핑장(강원 평창), 국립삼봉자연휴양림(강원 홍천) 등
자기 이해 지능	오죽헌시립박물관(강원 강릉), 에디슨박물관(강원 강릉), 백범김구기념관(서울 용산), 안중근의사기념관(서울 남산), 도산안창호기념관(서울 강남), 매헌윤봉길의사기념관(서울 서초) 등

자연 탐구 지능	곤충박물관(강원 영월), 영월동굴생태관(강원 영월), 화진포해양박물관(강원 고성), 영월화석박물관(강원 영월), 평창동강민물고기박물관(강원 평창), 재미난박물관(인천 중구), 소리속과학여행(인천 계양), 한국항공우주원(대전 유성), 성남중원어린이도서관 우주체험관(경기 성남), 장난감학교 금자동이(경기 파주), 옥토끼우주센터(인천 강화), 누리천문대(경기 군포) 등

자연탐구지능이 강점지능인 선생님 반 수영이는 주말에 속초 청초호에서 철새를 관찰했다고 합니다. 다음 주말에는 양양에 있는 곤충박물관을 가족과 함께 갈 계획이어서 벌써부터 다음 주말이 기다려진다고 합니다. 아마도 자신이 관심 있고 좋아하는 분야이기 때문일 것입니다.

이처럼 자신의 강점지능을 파악하여 월별 혹은 주별로 지능에 따른 체험학습을 계획해 보는 것은 어떨까요? 자신이 만약 이번 달을 자신의 제1 강점지능을 높이는 달로 정하였다면 그것과 관계되는 체험학습 장소와 활동들을 계

획하는 것입니다. 다음 달에는 제2의 강점지능을 높이는 달로 정하여 그것과 관계되는 체험학습 장소와 활동들을 계획하는 것입니다. 그러나 자신의 강점지능에 따른 체험학습 장소에 갔다고 해서 무조건 그 지능이 길러지는 것은 아닙니다. 그러기 위해서는 그곳의 다양한 활동

들을 즐겁게 경험해 보는 것이 중요합니다. 자신이 관심 있고 좋아하는 곳에 갔기 때문에 그곳에서의 활동이 대부분 즐거울 것입니다. 하지만 그곳에도 자신이 원하지 않는(약점지능과 관계있는) 활동이 있을 수 있습니다. 잘하지 못하는 약점지능 활동이라고 피하지만 말고, 최소한 한 가지 정도는 해보려고 노력하길 바랍니다.

나의 다중지능은 내가 만들어가는 것입니다. 지금의 나의 경험들이 모여 '내일의 나'가 되고, '미래의 나'가 되는 것입니다. 자신에게 맞는 자신만의 체험학습 계획을 세워보세요. 그러면 즐겁게 노는 사이 어느새 '꿈'이 여러분 앞으로 성큼 다가와 있을 것입니다.

21 다중지능과 연극놀이

연극놀이는 말 그대로 연극적인 요소를 가지고 있는 놀이입니다. 사물이나 동물 혹은 어떠한 상황이나 상태를 몸으로 표현하는 활동을 통해 자신을 드러내는 활동으로 국어수업에서 많이 활용되고 있습니다. 연극놀이는 기본적으로 신체운동지능과 관련된 활동이며, 아래와 같이 하나 혹은 그 이상의 다중지능요소를 가지고 있습니다.

| 다중지능과 연극놀이 |

다중지능에 따른 연극놀이	
신체운동지능 + 언어지능	가나다이어쓰기, 줄거리이어말하기
신체운동지능 + 논리수학지능	핫시팅, 원의 중심, 창과 방패, 대장찾기, 빈의자
신체운동지능 + 음악지능	소리조각모음, 엉터리오케스트라, 리듬박수
신체운동지능 + 공간지능	신문지놀이, 이모티콘
신체운동지능 + 신체운동지능	장님과 조각가, 쥐와 고양이
신체운동지능 + 대인관계지능	진주조개, 자동차운전, 샐러드, 고리풀기, 나너우리
신체운동지능 + 자기이해지능	친구를 사랑하십니까, 오뚝이

이 외에도 지능에 따른 활동들이 많이 있지만 창의성을 기르면서 서로를 이해하고 배려할 수 있는 대표적인 활동에 대해 알아보도록 하겠습니다.

신문지놀이

① 신문지를 한 장씩 나눠 가집니다.
② 이끔이가 먼저 신문지로 구체적인 물건을 만들고 그것을 사용하는 동작을 마임으로 보여줍니다(예를 들면, 신문지를 둘둘 말아 긴 봉을 만든 후 야구 방망이처럼 칩니다).
③ 이끔이의 행동을 보고 신문지로 무엇을 만들었는지 알아맞힙니다.
④ 신문지를 활용해 자신이 생각한 물건을 만듭니다.
⑤ 돌아가면서 발표합니다.
⑥ 친구의 행동을 보고 알아맞힙니다.

신문지 놀이는 도덕, 국어, 사회수업 시간에 역할극으로 많이 활용하는 활동입니다. 이 놀이는 만들기 활동이지만 칼이나 가위, 자를 사용하지 않고, 손으로 찢기, 구기기, 접기만을 하므로 잘 만들어야 된다는 부담감이 없습니다. 만들고자 하는 사물의 형체만 가지고 있으면 나머지 것은 즉흥표현으로 보충 설명이 됩니다. 간단한 즉흥연기를 하게 되고 표현에 대한 자신감도 많이 기를 수 있습니다. 국수 먹는 장면, 화장실에서 볼일 보는 장면, 운동하는 장면 등 다양하고 창의적인 생각도 많이 하게 합니다. 친구들이 만든 것, 표현한 것을 알아맞히면서 서로의 생각과 표현들을 배웁니다.

이렇게 활동을 2~3번 하다 보면 신문지가 많이 구겨지고 찢어집니다. 그럴 땐 신문지 눈싸움놀이를 하는데 겨울에 하는 눈싸움보다 더 재미있습니다.

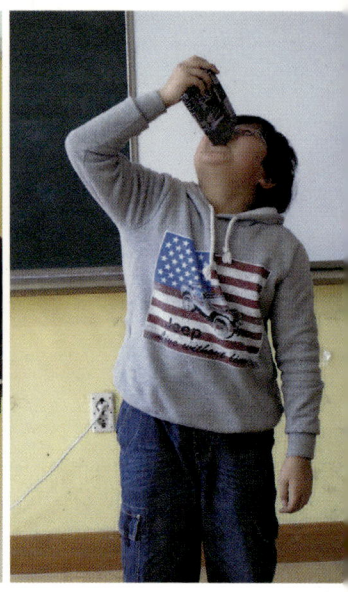

두 편으로 나누어 가운데 선을 경계로 상대편 쪽으로 신문지 눈을 뭉쳐서 던집니다. 눈이 오지 않아도 즐겁게 눈싸움을 할 수 있어 좋습니다. 이때 가운데 경계선을 의자나 책상 등으로 만들고 경계선을 넓게 만들어 놓으면 조금 더 안전하게 놀 수 있습니다. 그렇게 한참을 신문지 눈싸움을 하고 나면 교실이 지저분해집니다. 마무리 활동으로는 농구 시합을 합니다. 바닥에 떨어진 찢어지고 조각난 신문지를 뭉쳐서 농구공을 만듭니다. 교실에 있는 쓰레기통을 교실의 가운데에 놓아 농구 골대를 만듭니다. 한 사람씩 슛을 던집니다. 골인이 되지 못한 친구들은 제일 뒷줄로 가서 한 번의 기회를 더 가집니다. 그렇게 신나게 농구 시합을 하고 나면 교실이 어느새 깨끗해집니다.

고리 풀기

① 두 명이 짝이 되어 서로 마주 보고 섭니다.

② 왼손 위에 오른손을 덮습니다. 그 상태에서 손바닥을 살짝 비껴 손이 X자 모양이 되게 합니다. 앞에 있는 상대방과 손을 잡습니다(내 왼손은 짝의 오른손을 잡게 됩니다).

③ 두 사람의 손은 엇갈려 꼬여있게 됩니다. 잡은 손을 놓지 않은 채 ll자가 되도록 손을 풉니다.

④ 팔을 이용하는 방법, 다리를 이용하는 방법, 그 외의 다양한 방법을 찾아봅니다.

⑤ 2명이 성공하면 4명, 8명, 16명, 반 전체가 X자로 손을 잡고 순차적으로 풀어봅니다.

고리 풀기는 반 전체가 하나라는 마음을 키우기에 좋은 활동입니다. 고리를 풀기 위해 다양한 방법들을 시도할 수 있고, 그 과정 속에서 나의 의견을 이야기하고, 상대방의 의견을 들을 수도 있는 상호 의사소통이 자유로운 연극놀이입니다. 고리 풀기는 신체운동지능과 깊은 관련이 있지만 이러한 관점에서 본다면 언어지능과도 관련이 있다고 할 수 있습니다. 그리곤 그 의견들대로 몸을 움직여봅니다. 자신 위주로 몸을 움직이면 상대방이 많이 힘들어하고 아파할 수 있으며 꼬여있는 고리가 잘 풀

리지 않습니다. 상대방의 팔이나 몸이 꼬여서 아프지는 않은지 확인해가며 조심스럽게 풀어야 합니다. 2명이 꼬여있는 손을 풀 때는 그러한 의견 조율이 어렵지 않을 수 있습니다. 하지만 4명, 8명 ……. 함께하는 친구들이 많아질수록 고리를 푸는 것은 더욱 어렵고 의견도 제각각이라 자신의 의견만 내세우기보다는 상대방에 대한 배려가 많이 필요합니다. 고리를 힘들게 풀수록 그것을 풀었을 때의 기쁨은 더욱 커집니다. 그 속에서 친구관계를 돌아볼 수 있습니다. 서로에 대한 감정이 꼬였던 적은 없었는지 생각해봅니다. 고리를 풀 때처럼 내 의견보다는 상대방의 의견에 귀 기울여주고 함께한다면 친구관계에서의 어려움도 지금보다는 많이 나아질 것입니다.

나, 너, 우리

① 전체가 원으로 둥글게 섭니다.

② 간단한 노래(예를 들어 '둥글게 둥글게')에 맞추어 한 방향으로 돌다가 이끔이의 지시에 따라 인원수에 맞게 모입니다.

③ '나'는 한 명, '너'는 두 명, '우리'는 세 명입니다.

④ 이끔이가 '나'를 외치면 각자 사랑의 하트를 만들면서 옆 사람에게 "사랑해요"를 외칩니다.

⑤ 이끔이가 '너'를 외치면 둘씩 짝이 되어 손을 잡고, 자신에 대한 이야기를 세 가지 정도 짝에게 이야기합니다(이끔이가 다음번에 또 '너'를 외치면 전에 만났던 사람이 아닌 다른 사람을 만나고 전에 소개했던 내용이 아닌 자신에 대한 다른 내용 세 가지를 이야기합니다).

⑥ 이끔이가 '우리'를 외치면 세 명이 짝이 되어 서로의 공통점을 세 가지 찾아 이야기를 나누고 발표합니다. 이때 주제 없이 공통점을 찾는 것도 좋지만 공통적으로 좋아하는 것, 혹은 공통적으로 싫어하는 것 등 주제를 정해주면 활동하기가 조금 더 수월합니다.

'나, 너, 우리'는 숫자로 짝짓기의 변형 놀이라고 할 수 있습니다. 짝짓기 놀이에 연극적인 요소가 포함된 활동이라고 할 수 있습니다. 놀이를 통해 자연스럽게 자신에 대한 이야기를 하며, 공통점을 찾으려고 이것저것 이야기를 하면서 서로에 대해 깊이 알 수 있습니다. 서로에 대한 이야기를 나누다가 공통점을 발견하게 되면 바닷속에서 진주를 발견한 것처럼 기쁨을 느낍니다. 그때 '우리'라는 느낌을 받습니다. 공통점이 있고 친함이 있을 때 느끼는 '우리' 말입니다.

다양한 연극놀이 활동을 통해 적극적으로 자신을 표현하고 내 안의 다양한 지능도 함께 기를 수 있기를 바랍니다. 그리고 친구들과 연극놀이로 즐겁게 놀면서 서로에 대해 이해하고 알아가는 시간을 갖길 바랍니다.

22 다중지능과 보드게임

추운 겨울이 되면 바깥활동보다는 실내에서 많은 시간을 보내게 됩니다. 이럴 때 실내에서 손쉽게 할 수 있는 놀이로 보드게임을 추천합니다. 보드게임은 인원수에 상관없이 남녀노소 누구나 즐길 수 있는 놀이입니다.

우리가 살아가면서 꿈을 이루기 위해서 가장 중요한 것이 자신의 강점지능과 대인관계지능, 자기이해지능이라고 하였습니다. 보드게임은 게임의 종류와 상관없이 대인관계지능과 자기이해지능을 기본 요소로 가지고 있는 활동입니다. 두 명 이상의 사람들이 하게 되므로 사람과의 관계성을 배우게 됩니다. 그리고 게임을 하면서 지거나 이기게 될 경우에 생길 수 있는 여러 가지 상황으로 인해 자신을 조절하는 능력이 길러집니다. 이와 같이 우리는 보드게임을 통해 대인관계지능과 자기이해지능을 기본적으로 사용하고 기를 수 있습니다. 자신이 좋아하는 보드게임이 이 두 가지 지능 외에 또 어떤 지능과 관련이 있는지 알아보고, 높이고 싶은 지능 활동에는 어떤 게임이 있는지도 알아봅시다.

| 다중지능과 보드게임 |

다중지능에 따른 보드게임	
신체운동지능	젠가
논리수학지능, 신체운동지능	할리갈리
논리수학지능	다빈치코드
공간지능	블로커스
자기이해지능	인생게임
논리수학지능	원카드
논리수학지능	스도쿠
논리수학지능	루미큐브
공간지능	텀블링몽키
공간지능, 논리수학지능	체스
자기이해지능, 논리수학지능	쿼리도

보드게임은 상대방과 경쟁을 하는 활동이기 때문에 게임에서 질 경우 진 사람은 기분이 상할 수 있습니다. 그리고 게임에서 상대방을 이기기 위해 온 신경을 쏟기도 합니다. 정도의 차이가 있겠지만 특히 더 심한 반응을 보이는 사람은 대인관계지능이 낮을 가능성이 많습니다. 그렇지만 여러 번 게임을 하면서 방법을 익히게 되면 게임에서 이기는 것보다는 어떻게 해야 사람들과 더 즐겁게 할 수 있는지를 알게 됩니다. 그러면 일부러 져주기도 하고, 게임을 하면서 강약을 조절할 수도 있고 상대방을 배려하며 게임을 할 수 있습니다. 그러면 다음에도 친구들은 보드게임을 할 때 여러분과 함께하고 싶어 할 것입니

다. 상대방을 배려할 줄 아는 사람과 보드게임을 같이 하면 즐겁고, 재미있으니까요.

밖에 나가서 놀고 싶은데 그러지 못한다고 추운 겨울만 탓하지 말고 주어진 환경에서 자신이 할 수 있는 다양한 활동들을 생각하며 오늘도 적극적이고 긍정적인 생각으로 생활하기를 바랍니다.

23 다중지능과 겨울방학

"야~~호 신난다."

드디어 기다리던 겨울방학입니다. 첫눈이 오기를 기다렸던 마음처럼 들뜨고 설렙니다.

특히나 겨울방학은 여름방학에 비해 기간이 길어서 더 좋기도 합니다. 매번 방학이 되면 평소에 하기 힘들었던 것, 하고 싶었지만 못했던 것을 계획합니다. 하루에 몇 시간을 자고 언제부터 언제까지는 무엇을 하고, 공부는 몇 시간을 할 것인지 생활계획표를 짭니다. 그러나 우리는 계획표를 짜며 다짐했던 것들을 방학 동안 잘 지키지 못했던 경험들이 있습니다. 아침 7시에 일어나기로 계획했는데 8시에 일어나서 시작부터 생활계획표를 못 지켰던 일, 낮 12시부터 1시까지가 점심식사 시간인데 엄마께서 시장 다녀오시는 바람에 2시에 점심을 먹었던 일 등 이러 저러한 이유로 생활계획표와 시간이 맞지 않아 속상하고 힘들었던 경험 말입니다. 하루 24시간을 계획대로 살기는 어렵습니다. 이럴 때는 시간 중심의 계획이 아니라 자신이 하고 싶은 활동을 중심으로 계획을 세워보길 바랍니다. 그리고 그 활동들을 통해 자신의 지능들도 높여보길 바랍니다.

먼저 다중지능 체크리스트를 통해 현재 자신의 지능지수를 확인합니다(3. 나의 다중지능 참고). 그 후에 자신의 강점지능과 약점지능을 확인하고 강점지능에서 약점지능 순서로 지능들을 적어봅니다. 그 지능을 높일 수 있는 활동이나 하고 싶은 활동을 적어봅니다. 그리고 그것을 언제 할지도 계획해봅니다.

| 다중지능 계획표 |

	다중지능	지능을 높이기 위해 자신이 하고 싶은 활동	언제
제1지능			
제2지능			
제3지능			
제4지능			
제5지능			
제6지능			
제7지능			
제8지능			

다음은 선생님 반 선경이의 다중지능 계획표입니다.

| 선경이의 다중지능 계획표 |

	다중지능	지능을 높이기 위해 자신이 하고 싶은 활동	언제
제1지능	공간지능	세밀화 그리기	월, 수요일 저녁 8~9시

    선경이는 제1지능으로 나타난 공간지능과 관련된 활동으로 방학 동안에 세밀화 그리기를 해보고 싶다고 하네요. 선경이는 매주 월요일과 수요일 저녁 8시에 1시간 정도씩 하려고 계획했습니다.

    자신의 지능에 따른 관련 활동들을 구체적으로 적고 계획하고 활동함으로써 방학 동안 변화된 자신의 모습을 좀 더 느낄 수 있을 것입니다. 여러분들도 계획해보세요. 그리고 변화된 자신의 모습을 확인해보세요.

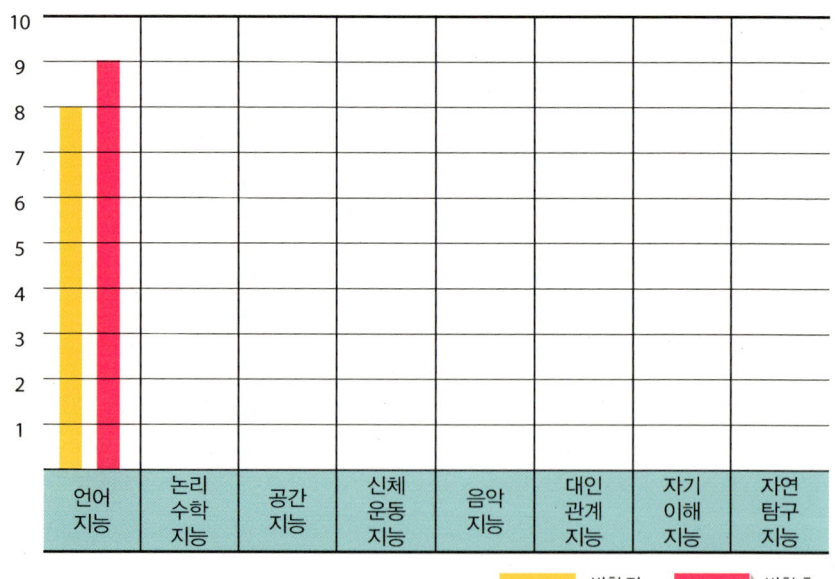

겨울방학 생활 계획표를 짤 때는 개학할 때쯤 높아져 있을 자신의 지능들을
생각하며 겨울방학계획을 세워보세요.

24 다중지능과 진로

우리는 모두 8가지 지능을 가지고 있습니다. 그리고 그 지능의 정도는 고정되어 있지 않고 스스로의 노력 여하에 따라 얼마든지 달라질 수 있습니다. 이것이 다중지능의 기본 철학입니다. 그리고 우리는 생김새와 좋아하는 것이 다르듯이 잘하는 것도 다릅니다. 개인 차이가 있겠지만 누구나 강점지능을 가지고 있고 그 강점지능도 달라질 수 있습니다. 어떤 사람이 잘하고 못하는 것은 강점지능에 의해서일 수도 있지만 성장발달에 따라 달라지는 경향을 보이기도 합니다. 유아기 때부터 초등학교 저학년까지는 공간지능과 자연관찰지능, 신체운동지능이 강점지능으로 나타나는 경향이 많으며, 초등학교 고학년 때부터 청소년기까지는 신체운동지능이 낮아지고 대인관계지능과 자기이해지능이 높아지는 경향이 있습니다. 이렇게 볼 때 다중지능은 자신이 처한 상황에 따라 요구되는 활동들이 달라짐에 따라 많은 변화를 보입니다. 그리고 자신이 하게 되는 동아리 활동 및 학교활동, 학급활동, 학교 외적인 활동 등 어떠한 경험을 하느냐에 따라 많이 달라지기도 합니다.

우리는 꿈을 갖고 있습니다. 어른이 되어서 되고 싶고 하고 싶은 그 무엇을 찾고, 그것을 위해 노력합니다. 그 꿈을 이루기 위한 방법의 하나로 그 직업에 대해 조금 더 알 수 있는 기회를 갖고자 직업 체험을 합니다. 여기에서 유념해야 할 것은 체험을 할 수 있는 직업의 종류는 정해져 있다는 것입니다. 우리나라에는 2만 가지가 넘는 직업이 있습니다. 그러나 직업체험학습장에서 체험할 수 있는 직업은 많아야 100가지 정도도 되지 않습니다. 대표적으로 경찰관, 소방관, 요리사, 선생님, 기자, 제빵사, 자동차 설비사 등으로 구체적인 조작활동을 할 수 있는 직업들입니다. 그러나 이 세상에는 더 많은 직업들이 있습니다. 그렇다면 우리는 모든 직업을 알고 체험해봐야 할까요? 만약 그럴 수 있다면 좋겠지만 그것은 쉽지 않습니다. 직업의 종류를 탐색해보고 그것이 나의 적성에 맞는지를 알아보는 것이 직업 선택에 도움이 되는 것은 틀림없습니다. 하지만 초등학생 때 자신이 꿈꾸는 직업이 다르고, 중학생 때 다르고, 고등학생 때 다르고, 대학생 때 다릅니다. 그것은 나이가 들어감에 따라 많은 것을 보고, 알고, 경험함으로써 자신이 할 수 있는 영역이 넓어지기 때문이며 그렇기 때문에 우리는 자기이해지능과 대인관계지능을 바탕으로 한 강점지능 2~3개를 강화시키는 것이 중요합니다.

여러분들이 지금 학교에서 수업시간에 하는 활동, 쉬는 시간 친구들과의 놀이, 방과 후의 활동, 가족과의 생활, 여행 등 이 모든 것들이 의미 있는 것입니다. 그것들을 통해 여러분들이 알지 못하는 사이에 여러분의 다중지능이 높아지는 것입니다. 그 지능들이 여러분이 하고 싶은 일, 꿈과 만났을 때 직업으로 실현되는 것입니다. 단 지금의 생활들을 열심히 즐겁게 할 때 그 활동이 지능을 높일 수 있습니다. 지속적으로 집중해서 즐겁게 할 때 지능 또한 높아진다는 사실을 잊지 말고 생활하길 바랍니다.

대나무의 한 종류인 모죽은 처음 씨를 뿌리면 죽순 정도만큼만 자라고 더 이상 크지 않는다고 합니다. 그러다가 5년이 지난 어느 순간 두 달도 채 안 되는 기간 동안 30미터에 이르도록 키가 큰다고 합니다. 어떻게 아무런 변화도 없다가 한순간에 30미터나 클 수 있는지 의아스럽기도 하고, 신기하기도 하였습니다. 그러던 어느 날 장터에서 한 할머니께서 모죽을 손질하는 것을 우연히 보게 되었습니다. 잘린 모죽의 단면을 보니 칸칸이 방과 같은 마디가 꽉 차 있었습니다. 그러니까 모죽은 5년 동안 자라지 않았던 것이 아니었습니다. 도약의 시간을 위해 하나하나 준비하고 있었던 것입니다. 그리고 결정의 시간이 되었을 때, 더 높이, 더 빨리 커갔던 것입니다. 만약 모죽이 준비를 하고 있지 않았다면 어떻게 되었을까요? 시간이 되어도 모죽은 그냥 죽순 정도의 크기로만 남아 있었을 것입니다. 하지만 모죽은 준비를 하고 있었기에 그렇게 자랄 수 있었던 것입니다.

우리의 삶도 이 모죽과 많이 닮았습니다. 지금 배우고 활동하는 모든 것들이 지금은 비록 큰 의미 없는 활동인 것처럼 보이고 여러분의 미래에 아무런 영향이 없는 것처럼 보이지만, 언젠가 다가올 도약의 시간을 위해 여러분들 안에서 차곡차곡 쌓여가고 있다는 것을 기억하길 바랍니다. 그렇게 차곡차곡 쌓인 것들이 때가 되면 여러분이 커다란 대나무처럼 우뚝 솟을 수 있도록 도와줄 것입니다.

참고문헌

강영안(2005), 『타인의 얼굴』, 서울: ㈜문학과 지성.

김명희 · 김영천(1998), 『다중지능이론의 기본 전제와 시사점』, 『교육과정연구』, 16(1), 299-330.

김명희 · 정태희(1997), 『미국의 다중지능교육』, 『열린교육연구』, 5(2), 3-25.

김성훈(2009), 『교육과정 에세이』, 서울: 한국학술정보㈜.

김유미(2006), 『두뇌를 알고 가르치자』, 서울: 학지사.

김주현 · 문용린(2005), 『다중지능이론에 기초한 청소년기 진로교육 프로그램 개발 및 타당화 연구』, 『교육심리학연구』, 19(2), 393-412.

장보근(2011), 『뇌를 살리는 부모 뇌를 망치는 부모』, 서울: 예담.

전윤식 · 강영심 역(2007), 『다중지능과 교육』, 서울: 중앙적성출판사.

정종진 · 임청환 · 성용구 역(2010), 『뇌기반 교수-학습전략』, 서울: 학지사.

홍성훈(2009), 『다중지능혁명』, 서울: 랜덤하우스.

Armstrong, T.(1994), Multiple intelligences in the classroom, Alexandria, VA: Association for Supervision and Curriculum Development. 전윤식 · 강영심 역(2007), 『다중지능과 교육』, 서울: 중앙적성출판사.

Buber, M.(1974), Ich und Du, In Die Schriften uber das Dialogische Prinzip, Heidelberg: Verlag Lambert Schneider. 표재명 역(1995), 『나와 너』, 서울: 문예출판사.

Freire, P.(1998), Teachers as Cultural Workers - Letters to Those Who Dare Teach, San Paulo: Luciana Freire Rangel. 교육문화연구회 역(2000), 『프레이리의 교사론』, 서울: 도서출판 아침이슬.

Gardner, H.(1983), Frames of Mind: The theory of multiple intelligence, NY: Basic Books. 이경희 역(1995), 『마음의 틀』, 서울: 문음사.

Gardner, H.(1993), Multiple Intelligences: The Theory in Practice, New York: Basic Books. 김명희 · 이경희 역(1998), 『다중지능이론과 실제』, 서울: 양서원.

Giroux, H.(1988), Teachers as Intellectuals, Westport CT: Greenwood. 이경숙 역(2001), 『교사는 지성인이다』, 서울: 도서출판 아침이슬.

Pinar. W.(2004), What is Curriculum Theory?, New Jersey: Lawrence Erlbaum Associates Publishers. 김영천 역(2005), 『교육과정이론이란 무엇인가?』, 서울: 문음사.

나의 꿈을 찾아 떠나는

생활 속
다중지능
이야기

초판인쇄 2014년 5월 23일
초판발행 2014년 5월 23일

지은이 김임순
펴낸이 채종준
기 획 권오권
편 집 백혜림
디자인 이명옥
마케팅 황영주

펴낸곳 한국학술정보(주)
주소 경기도 파주시 회동길 230 (문발동 513-5)
전화 031) 908-3181(대표)
팩스 031) 908-3189
홈페이지 http://ebook.kstudy.com
E-mail 출판사업부 publish@kstudy.com
등록 제일산-115호(2000. 6. 19)

ISBN 978-89-268-6249-0 13370